鬼《おに》弁《べん》

増量版

強面《こわもて》パンクロッカーの
弁当奮闘記

著 **TOSHI-LOW**
(BRAHMAN / OAU)

※本書は、TOSHI-LOWが長男のために作ったお弁当の写真を、
その手記とともにまとめたものです。
収録しているのは、長男が小学校を卒業するまでの6年間。
彼自身が撮影した写真と、
SNSのプライベートアカウントに投稿したエピソードに、
追加取材した内容を加えて構成しています。
コメントは、実際にSNSでつながっている方々にご協力いただきました。
また、電子書籍版刊行時に発表した、新章(中学生編)を追加収録しました。

はじめに

長男が小学校に入学するときにちょうど次男が生まれた。
でも、長男が通う小学校には給食がなかったので、
共働きだからと、嫁と自分とで交互に作り出したのが、
弁当作りを始めたきっかけだった。

こんな弁当でいいのかって不安もあって、
あるときから、できたお弁当をプライベートなSNSで投稿しはじめた。
褒められたいというよりは、知人に突っ込んでもらうことで、
自分の気持ちを中和している、という方が心境としては強かったと思う。
もちろん、広く公開することは全く考えていなかった。
それを考えていたら、
もっと万人受けにしたり、変に凝った風にしたり、
ちょっと作為的な要素が入っていたと思う。
でも、想定していないからこそ出た面白さがあるし、
なによりすごく自然な自分がいた。

実はお弁当作りに関しては、
腐ってなければ大丈夫、ぐらいに思っているところもある。
音楽も趣味もそう、そこまで凝り性でもない。
かといって、できればいいよ、というわけでもない。
ちょっとした工夫で自分らしくできるものが好き。

バンドマンである自分がこういう本を出すことは考えていなかったし、
全くもってイクメンパパ的なキャラになりたいわけではないので
表に出す必要のない部分だと思っていたのも事実。
でも、隠すことでもないし、
「何だこの弁当」と
自分自身で突っ込んでいた感じを
料理本でも育児本でもないこの本を手に取ってくれたあなたが、
同じように「朝から何やってんだ」と
突っ込みながら読んでもらえれば幸いです。

TOSHI-LOW
(BRAHMAN / OAU)

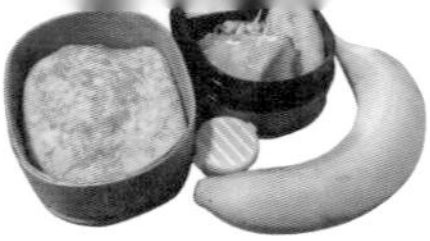

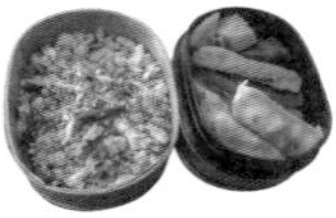

CONTENTS

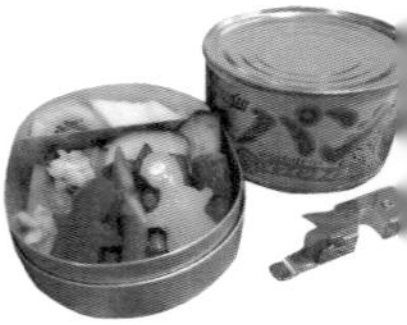

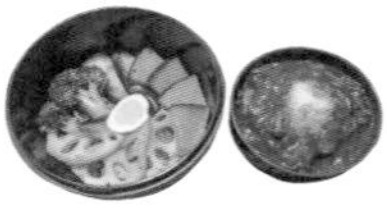

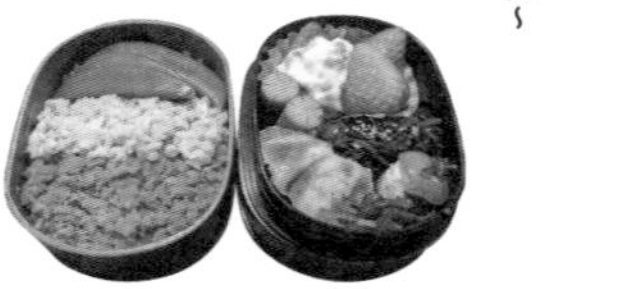

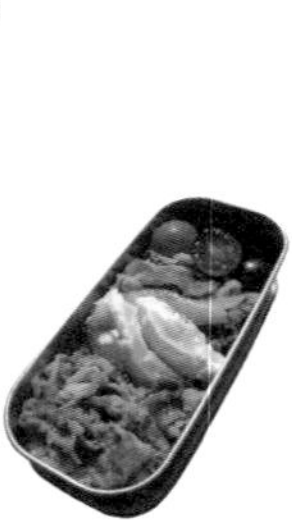

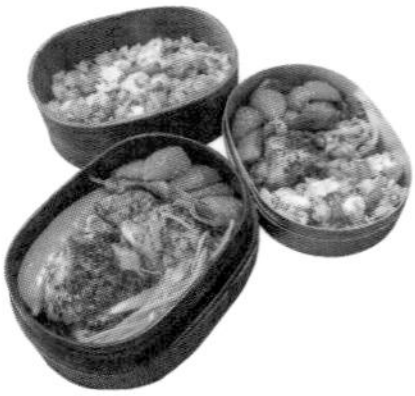

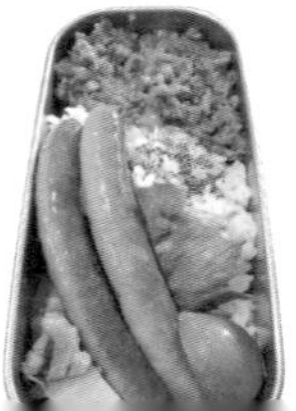

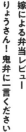

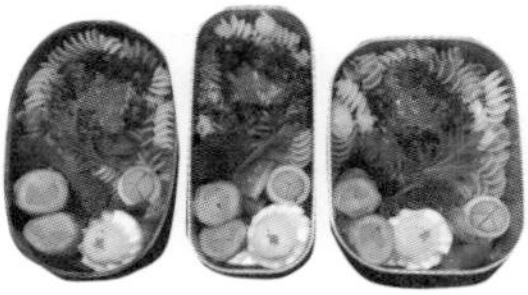

2012年4月 〜2013年3月

長男：小学1年生

長男は、家から少し遠い小学校に入学したんだけど、送ったのは初日だけだった。本当はもうちょっと送るはずだったけど、2日目は最寄り駅まで送って、3日目は面倒になっちゃったんだよね。そこで長男に「行ける?」って聞いたら「行ける」って言うから任せてみた。もちろん、「急行乗ったらどうしよう」とか「乗り過ごしたらどうしよう」とか思ったけど、「間違えたら駅の人に聞け」って言っていたし、「なんとかなる」って信じてた。なぜかわからないけど、長男に対して「こいつは大丈夫」という安心感があったんだよね。そう思わせるくらい、しっかりしていたと思う。学年で一番自立が早かったのが長男だったんじゃないかな。

弁当も最初は残していたけど、その残しているものを見て、苦手なものを判断してた。あまり文句を言う子じゃなかったけど、残すのを見れば好き嫌いが一目瞭然だからね。俺が好きなちくわをよく残していたのは残念だった。ただ、小さくすると食べるから、実験みたいなことの繰り返しだったな。ちなみにちくわは俺の酒のつまみの残り。そんなのも多かった。

あとは色合いも切り方も詰め方も下手すぎて、正直なところ、この頃の弁当はあまり振り返りたくない!

2012.10.25

いろんなものを入れていた初期のお弁当

“ハッシュドビーフ弁当”

#ぶっかけて召し上がれ

初期の頃は
栄養のバランスを考えすぎて、
いろんなものを入れようとしていた。
その苦労をひっくり返すかのように
〝ひじきが虫みたいで怖い〟とか
言われることも。
惨敗。
それからは、自分のなかで
こだわっていたバランスや
頭の固いところを全部はじいて、
お弁当作りを
イチから考え直しはじめた。
それがスタート地点だったかな。

濱口優（お笑い芸人／よゐこ）

バンド始めたての高校生の様にお弁当に対して必死でカッコつけてるのが、実に初々しいお弁当ですね（笑）。太い指で並べた食材が必死感出てて泣けます！

井浦新
（俳優／ELNEST CREATIVE ACTIVITY）

これ、お父さんのつくるお弁当感を飛び越えてるよ。

2012.10.23

定番のサンドウィッチ

“サンドウィッチ弁当”

#果物は一コ入れるのがポイント

最初に弁当を
作るようになったのは
長男が小学校に入学した頃。
うちは共働きなので、
オレが作る日と
嫁が作る日ができるのは
当たり前のこと。
この本を出すことで
“俺だけが作っている”と
思われるのは大きな誤解なので、
嫁はオレより
美味しそうなお弁当を
作っていることを
言っておきます。

高山都（モデル・女優）

お弁当作りに慣れているはずのワタシですが、唯一未開拓なのがサンドウィッチ。パンの切り方、具のはさみ方、こんなに綺麗に出来ない。どうしてもへにゃっと、なんだか不恰好な姿になってしまうんです。TOSHI-LOWさん、コツを教えてください！

武田航平（俳優／TOSHI-LOWファン）

卵サンドがあるにも関わらず、煮卵を投入するあたり父の筋肉を見習えといわんばかりのメッセージが詰まっていますね。（味玉の手の込んでること！）

2012.10.3

弁当に麺かよ! 大切なことは料理マンガが教えてくれた

“つけめん弁当”

#そんなに驚くこと!? #友だちから3度見

高山都（モデル・女優）

そりゃ、同級生は羨ましいでしょう! 大人はいつでも食べられるけど、子供にとってつけ麺はご馳走レベル。しかも、それがお昼休みに食べられる…。「そうめんもお弁当になるのかー」と新しい発見。めんつゆを保冷剤にするテクニックは今年の夏、早速真似したいです。料理マンガから食を学ぶってことにも、激しく共感です。ワタシも日々のアイディアは、マンガから頂戴することも多いんですよねー。

後藤正文
（ミュージシャン／ASIAN KUNG-FU GENERATION）

TOSHI-LOWさんのコメントを読むと「弁当に麺っていいかも!」って思うけど、これを開いたときの息子さんの気持ちを考えると…「麺かよ!」って(笑)。

はじめてつけめんを持たせたとき、息子がほかの生徒に〝3度見〟されたらしい。
つけめんって、弁当のイメージもないし、
どちらかというと大人が食べる印象だったんだろうね。
でも、麺って、ちょっと硬めに茹でて、よく洗うとくっつかないからお弁当にもいい。
それでも心配なら、すこし油を垂らせば大丈夫。
その要領で、そうめんやパスタもお弁当に入れられる。
夏に食べるそうめんのお弁当は天才的だから一度試してほしい。

俺、小さな頃は料理マンガが好きだったの。
なかでも好きだったのが、ビッグ錠先生の『スーパーくいしん坊』。
そこで氷の容器で食べるお弁当があって、幼心に衝撃を受けたんだよ。
たまに違う料理マンガの味を再現しようとして、マズすぎて腹が立ったのも覚えてる。
あとは手羽先のコーラ煮も試した。
煮詰めればコーラの糖分で甘みが出ておいしいって書いてあったんだけど、
他の調味料が省かれてたからか、正直マズかった。発想としては面白かったな。

2012.10.24

缶切り持参で先生から大目玉…

“乾パン弁当”

#まさか親が怒られるとは #クッキーの型抜き

矢部慎太郎
（器のお店「ギャラリー帝」オーナー、BARラウンジ「サロン・ド 慎太郎」マダム）

缶切りなら武器にならないし、筆箱が開かない時にも使えるから便利で良いわ。お父さんならではの発想のお弁当だから、このお弁当で男らしさもUPね。

古市コータロー
（ミュージシャン／THE COLLECTORS）

乾パンか～！ 缶切りで開けて昼休みにキャンプ気分を味わえたらグッドメモリーだったね。それにしても乾パンの弁当とは新しい！

非常時のために買っておいた乾パンが賞味期限ギリギリだったから、
新しいものに入れ替えたの。
古いものを食べようと思って、
息子に缶切りを持たせたら、固まっていて。
今の子たちって、缶切りが使えないんだよ。
それにビックリして、
練習ついでに学校にお弁当として乾パンを持たせたら、
小学校の先生に「危ないから持たせないでください」って怒られた。
結局、この弁当は、
缶が開けられなくて食べられなかったんじゃないかな。
おかずだけは食べられたみたいでひと安心。
このパプリカは、クッキーの型抜きで作ったんだけど、
当時は弁当に対してなんのテクニックもなかったから、
少しでも息子の目を楽しませようと思ったんだろうね。
今だったら絶対使わないだろうな。

鬼と呼ばれた日

東日本大震災の復興活動をしている時の話。
バンド・雷矢のヤスオちゃんともめて殴り合いをした後に、
一升瓶をどんとおごってもらったの。
そこにヤスオちゃんが「復興の鬼 TOSHI-LOW」って書いて、
ボトルキープしてくれたのが始まり。
まさか、こんなに鬼呼ばわりされるとは思わなかった。
ケンカをしたのは、
復興の在り方について、意見が違ったから。
俺も、ヤスオちゃんもちゃんと考え方があったからこそ、
ぶつかったからこそ、答えが出たんだけど、
そこで問題だったのが、その場に長男がいたこと。
ケンカはとりあえず収まったんだけど、
そこで一部始終を見ていた長男が言ったセリフが、
「ヤスオちゃんも強かったよ」。
ほんと、たいした子だって思ったよ。
ちなみに帰り道は、

すでにヤスオちゃんと仲直りをしてたから、
血まみれの大の大人ふたりと5歳の長男という3人で
タクシーに乗って帰った。
でも、俺たちが乗った瞬間から
運転手さんの手がずっと震えてたんだよ。
そりゃ怖いよね。
血まみれのふたりだけならまだしも、
間に子供がいるってところがまた深みがあって怖い。
俺でもそんな客が来たら震えるよ。
次の日、ケンカの一部始終を見てたからか、
長男が「俺、キックボクシングを習う」って言いだして、
本当に通い始めたの。
それが良いのか悪いのかわからないけど、
そのケンカをきっかけに、男は強くないと大切なものを
守れないということに気づいたみたい。
あの店、気に入ってたのに出禁になっちゃったのは残念だな。

鬼弁のいろは

麺を弁当に入れるには

麺って、くっつくイメージがあるから、
お弁当に向いてない。
そう思っている人も多いんだけど、
ちょっと硬めにゆでて、
よく洗えば全然くっつかない。
それでも心配なら油をすこし垂らせばいい。
それはそうめんもパスタもうどんもいっしょ。
汁の類いはポットに入れればいい。
そうすればつけめんもラーメンも
そうめんもなんでも食える。
どうせ食うなら、
食いたいもん食ったほうがいいだろ。

2013年4月 ～2014年3月

長男：小学2年生

この頃はまだ、お弁当箱が小さいから、入れたいものがあっても入らないことが多かった。最初に何品入るということを計算せずに、作りたいものをパーッと作ってたから、結局2品余ったなんてこともザラ。ただ、この時点でわかったのは、ミートボール最強説! 俺がどんなに手をかけて作っても、レンジでチンするミートボールのほうが「うまい」って言うんだよ。そりゃあ俺もやる気をなくすよね。

当時はよく朝方まで飲んでいたから、お店の人に作ってもらった焼きそばを持たせたことがあったの。そこでうまい焼きそばの味を覚えて、「何食べたい?」って聞いたら、「焼きそば」って言われることが増えた。

こうなってくると、俺のやる気もさらに急降下。2年生の頃は一番モチベーションが低かったかも。

2013.4.5

おかずカップは**苦肉の策**…

“三色弁当”

#ミニトマトの中に入ってるのはチーズ

荒井岳史(ミュージシャン／the band apart)

ご本人コメントでは、さほど高評価ではないこの弁当。美味しそうですけどね。主夫の端くれの俺から見ると、充分良い弁当に見えます。さすが業界きってのストイック兄貴。

大森はじめ
(ミュージシャン／東京スカパラダイスオーケストラ)

彩りもいいし、鶏肉と玉子は筋肉にもいいし、満点っ！ と言いたいところだけどフルーツは別容器でしょ～。時間が経つとスメルが…www

彩りを考え始めたのはこの頃。
でもさ、そんなに食材の色の
レパートリーってないんだよ。
だから、味がくっつかなければいちごも
トマトも同じ色要員だと思うようになったの。
さらに、この頃は苦肉の策として
赤色や銀色のおかずカップを使ってるんだけど、
食べられないものを
色としてカウントすることがすごく嫌だった。
そのうち、この仕切りがなくても、
味や色が混ざらないような
テクニックが身についてくるんだけど、
今見るとこの頃の色合いはやっぱりカッコ悪い。

2013.6.14

俺を助けてくれたウィンナー星人、この恩は忘れない

"ウィンナー星人弁当"

俺がウィンナー星人と
出会ったのはネットの中。
このころ、なにを弁当に入れても
あまり喜んでくれないし、
がんばって作ってもおかずを
残してくるからスランプに陥ってたの。
そんな時にこのウィンナー星人に
出会い、出来心でマネしてみたら、
まぁ、反応がよかったんだよ。
所詮ガキだよな…。
でも、これを入れたら絶対に
食べてくるからこそ、
もはや〝逃げ〟として
ウィンナー星人を入れるようになった。
ある程度を過ぎたら、
二度と作らなくなったけどね。

八重樫東（プロボクサー）
鉄板ウィンナー星人の襲来!!明日作ってみよ。

片平里菜（ミュージシャン）
かわいい! 顔ついてると逆に食べるの勿体なくなるけど（笑）。

夜型から朝型へ

バンド活動を中心に生活していた頃は、
どうしても夜型で生きてた。
今でも夜型と言えばそうだけど、
朝、お弁当を作らなくちゃと思うだけで、全然違う。
今まで朝は寝る時間で、
昼から始まるのが普通の生活だったからね。
バンド生活自体を朝型にしようと
思ったこともあったけど、
俺みたいに詞を書く人間は、
夜のドロッとした部分がないと、
普通の情景描写になってしまう。
心のモヤモヤが出てくる時間は、やっぱり深夜なんだよね。

2013.12.5

混ぜご飯嫌いで感じた親子の絆

“餃子混ぜご飯弁当”

#親子はやっぱり似てる #残す気持ちも分かる

混ぜご飯って、
いろんなものが
一度に食べられるから便利。
でも、息子は嫌いで、いつも残してた。
チャーハンだけは食べるんだけど、
なんでかね。
でも、オレもちっちゃい頃は
あまり好きじゃなかった。
混ぜご飯って、
じじばばが食うもんだって
思ってたんだよ。
この好き嫌いがまさか似るとは。
変な所で、縁を感じた。

ホリエアツシ（ミュージシャン／STRAIGHTENER）

僕にいたっては、まぜごはんが好き過ぎて、出されるとおかずに手をつけなくなる子供だったから、逆に大人だなって思っちゃいます。

スランプ

2年生の頃はあまり食わないし、
「美味しい」「まずい」の反応さえもないから、
モチベーションがなくなった。
でも弁当を持たせないわけにはいかないから、
毎日作ってはいたけど、正直スランプだった。
一度、この辺で弁当に対しての限界が見えた気がする。
子供って、あまり食が太くない時期ってあるんだよ。
大人だって、食べる日と食べない日がある。
手間をかければかけるほど、
どうしたって食べてもらいたくなる。
だからウィンナーに工夫をしたり、
色合いを鮮やかにしてみたりと、いろいろ頑張ってたな。
やっぱり息子が学校から帰った後、
空の弁当箱を見るのはすごく嬉しいからね。

2013.6.26（鮭弁）、11.1（角煮丼）

子供にはわからない、大人の味。後悔してもしらねぇぞ

"角煮丼" "鮭弁"

#ドーンと食らえ!

#漢の角煮丼

学生の頃、
ドーンと角煮や
鮭がのっている弁当って
すごく美味そうだったし、
野菜とか彩りとか関係なく、
食欲を刺激してくれた。
息子も男ならこういう弁当が
好きだろうと思って作ったのに、
このタイプは
だいたい半分くらいしか食べない。
この弁当の良さは
大人になってからわかるんだよ。
ほんと、もったいねぇな。

紗羅マリー（女優、モデル、ミュージシャン）
#やっぱ残すと鬼は怒ります？ #ぎゃーーードーーーーーン！ #緑茶飲みたいですね

田村亮（お笑い芸人／ロンドンブーツ1号2号）
食べるではなく、喰らうタイプの弁当って事もいずれ分かる日が来る。

2013.10.31

俺の反抗心《パンク》がさく裂した“真っ黄色”弁当

“全部真っ黄色弁当”

#せめてもの仕返し #意味なし

いろんな色の食材を使って、見た目の美味しい弁当にしようとしても、何の反応もない。色の三原色を気にして使って「キレイだったろ」と言っても返ってくる反応は「別に…」。その反応に腹が立っちゃって、それなら全部黄色にしてやろうって思ったの。この弁当はさすがに反応してくれるだろうって思ったけど、結局スルーされた。当然か…。

KOUICHI（ミュージシャン／10-FEET）
僕も今度この既読弁当を子供らに作りたいと思います。

善し（お笑い芸人／COWCOW）
Yellow Riot! これまさに黄色い暴動^ - ^

俺が作りたいキャラ弁は、長嶋茂雄だけ

お弁当のフタを開けた時に、
最初に飛び込んできた情報が面白ければ、
さらにお弁当の時間が楽しくなると思うんだよ。
でも、キャラ弁は作りたくない。
絵も描けないし、チマチマした作業はキライだからね。
でも、どうやら周りの子供たちは
キャラ弁を持ってきたらしく、
オレも長嶋茂雄のキャラ弁は作ろうかと考えた。
髭を青のりで表現して、背番号は〝3〟。
どちらかというと、
プリティ長嶋さんに似たキャラ弁なら、作れると思った。
やらなかったけどね。
だって、今の時代の小学生の子供に
背番号〝3〟を見せたところでわからないでしょ。
ブロマイドも一緒に入れなくちゃいけなくなる。
そうなると、次の日は王貞治をちくわでなんとかして

作らなくちゃいけなくなるし。
……そもそも俺も息子も、そんなに野球が好きじゃない。
元HEATWAVEの渡辺圭一は、
一度子供にレスポールのキャラ弁を作ったんだって。
でも、それって子供は嬉しいのかなって話になったんだよ。
「わぁ！ レスポール！ じゃぁ明日はテレキャスかな!?」
ってなったら、相当面白いけど、
それはそれで変な子供でしょ。
基本的に、アーティストにキャラ弁は向いていないのかもな。
今度弁当を作っているアーティストに
キャラ弁について聞いてみたいな。
俺は子供の心はわからないから、
とにかくビックリさせることを考えてる。
うまいまずいは、まぁいいや。
その反応の良し悪しは、
残しているかどうかでわかるからね。

2013.9.9

タコさんウィンナーは遅くまで飲んでた証です

“飲み屋の詰め合わせ弁当”

#赤いタコウィンナー三兄弟

#ラコスバーのR

#詰め替えはラク

LOW IQ 01（ミュージシャン）

赤ウィンナーねぇ!! 俺も飲み屋に行ってメニューにあったら必ず頼むやつ!! 赤ウィンナーは永遠だなぁ～。

浜田将充（ミュージシャン／LEARNERS、飲食店スタッフ／RACCOS BAR）

当時、朝方トシロウさんからメニューにない「オムライス」とか「焼きそば」など、無茶振り注文シリーズで毎度バタバタさせられる事があったのですが、「弁当のおかず」の時は息子が喜ぶ姿を想像しながら、スタッフとわいわい作ってました。

朝まで飲んでるときは、そこのバーの店員さんに
『弁当に入れるものない？』って聞く。
だいたいウィンナーとサラダはそこで揃う。
それで2品でしょ？
あとは適当にあるものを詰めれば出来上がるから、助かってるよ。
この焼きそば弁当は、
飲み屋で「明日の弁当を作る気力がない」って言ったら、
飲み屋のスタッフが作ってくれた。
いつもとテイストがまったく違うでしょ？
この弁当でうまい焼きそばの味を覚えて、
「焼きそばを作ってくれ」って、
頻繁に言われるようになった。
赤いタコさんウィンナーも、
「お弁当でちょっと使いたいからちょうだい」ってもらったもの。
そう思うといつも行く飲み屋には、親子で世話になってる。

“やってやってる”と思うのはただの傲慢

持ち帰ってきたお弁当に残り物がたくさんあったら、
そりゃイラッとするよ。
朝から作ってるのは俺だからね。
でもさ、それって人にやってあげようと思っていることなのか、
自分のためにやっていることなのかと考えた時に、
反応を見てイラッとしたってことは、
いつのまにか〝やってやってる〟って気持ちに
なってることに気づいたんだよ。
それは、いままでやったことのない
震災のボランティアをやり始めた時期と、
弁当作りを始めた時期が被ったからこそ感じられたこと。
今まで、ステージの上で生きてきて、
気持ちを与えるやり方しか知らなかったんだけど、
いろんな人の支えになるためには、
自分が出すぎてもいけないってことに気づいたんだよ。
でもさ。やっぱり、どこか〝自分のため〟という

ところがないと、何のためにやっているかわからなくなる。
だからといって、〝やってやってる〟〝ありがとうと言われたい〟
となったらダメじゃん。
それが俺のお弁当作りとリンクしたんだよね。
震災のボランティアで知り合った漁師の人が、
俺が弁当を作っている時間に、
電話をかけてきて「子供の夢見てさ」って
亡くなった子供の話をしてきたときがあったの。
その瞬間、自分がいまやっていることが、
どれだけめんどくせぇと思っていても、
「いってらっしゃい」って言えることがどれだけ
幸せなんだろうって気づいたんだよ。
綺麗事を言いたいわけじゃないけど、
自分の目の前にある幸せに気づけば、その〝手間〟は
本当に大事なものになる。だから、何度も言うけど、
〝やってやってる〟なんて思うのはただの傲慢なんだよね。

鬼弁のいろは

弁当の中身は色で決まる

弁当を開けた時に、全部茶色で嬉しいのは、
ある程度の年齢が過ぎてから。
それまでは、
目で楽しむ要素を入れないと、
それだけで〝美味しくない〟って決めつけられる。
それで残されたらたまったもんじゃない。
基本、〝バランスよく食べろ〟ってことは、
〝まんべんなくいろんな色のものを食べろ〟って
ことだと思っているから、
色の三原色を考えて、
緑のものがあったら、
黄色と赤を入れる。
それだけを頭に置いてメニューを考えると、
自然とメニューも絞られてくるし、
ある意味考えなくていいから、

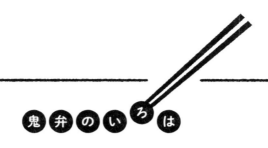

2年生くらいの頃は色を基準にメニューを決めてた。
実際に、彩りがキレイな弁当って、
食べる前から美味しそうなんだよ。
とはいえ、
冷蔵庫にいつも赤や黄色のものがあるわけじゃないので、
買わないとない。
これは中学年〜高学年の時期に発見したんだけど、
細く切ったミョウガを切れば紫になるし、
プチトマトを入れれば赤。
あとはムラサキキャベツや、
茹で卵のなかにプチトマトをいれたりすれば、
いろんな色が出来てくる。
黄色が足りなければオレンジを入れればいいし、
赤が足りなければ苺を入れたらいい。
そのちょっとの工夫だけで残さなくなるんだから。

2014年4月 ～2015年3月

長男：小学3年生

この頃から次男のちびも託児所に行きはじめたから、作る弁当が2個に増えた。たまに嫁のも作っていたから3個の時もあったな。ちびの弁当は量が少ないから逆に難しい。食べやすくしようと思って、おかずを小さく切ったら詰めるときに隙間ができて、“うまくいかない感”がものすごく出ちゃうんだよ。長男くらいの年齢になれば、大人と同じ感覚だから作りやすいんだけどね。

当時は健康を考えて玄米が多かった。あとは、この頃からなんとなく作るペースが上がって見た目も気にするようになった。2年生のころのスランプはここでやっと抜け出した。

2014.5.24

八歳児留守番用
二歳児土曜保育用

"ウィンナーとひき肉ミートソース弁当"

#鬼弁本舗

長男と次男の二人分を
作りはじめるようになってから、
食べやすさや
見た目を考えるようになった。
特に次男はまだまだ食が細いから、
子どもが食べたくなるような
弁当にしなくちゃね。
次男はついこの間まで
ヨタヨタ歩いていたのが
気がついたら
猛ダッシュで走ってて…。
子どもの成長には
驚かされることばかり。

MAICO
(料理講師／COOK LOVER TOKYO)

このアイディアいただきっ！ きっと女の人では思いつかないメニュー！ 男心をグッと掴んでる！

TA-1(ミュージシャン／KONCOS)

4歳の息子の猛ダッシュについていけなくなってきた僕も、食生活と飲酒について考え直す時期に差し掛かってきています…。

2014.5.13

ばあちゃん秘技の無敵海苔巻き

"海苔巻き弁当"

#鬼弁本舗

子供って、
朝飯を食わない時期があるんだけど、
納豆などを海苔巻きにすると
食べやすいせいか食べるんだよ。
俺も小さいときはあまり
食が太くなかったんだけど、
親父に「食べろ!」って
すごく怒られていて。
するとばあちゃんが残したご飯を
となりで海苔巻きにしてくれた。
なぜかそれはすごい食べられたんだよね。
具はその時の気分。
いっぱい入れると美味しいのは
間違いないから、
その日の冷蔵庫にあるものを
巻いてるよ。

後藤正文(ミュージシャン/ASIAN KUNG-FU GENERATION)
筋肉がムキムキでも海苔巻きって綺麗に巻けるんだなと思いました。

高野寛(ミュージシャン)
愛の隔世海苔遺伝子だね。

2014.7.18

今日は一転“ドカ感”勝負

“ 牛丼弁当 ”

#漢飯 #鬼弁本舗

小3男子にもなれば
この手の「ドカ感」が
好きになってくると
思うんだけどなぁ……。

山口隆
（ミュージシャン／サンボマスター）

ブラウンの肉海に浮かぶ卵のエルドラド。
小三のお昼に宝島を探検だ。

仙波レナ（スタイリスト）

最高なお弁当！ 絶対美味しい!!

2014.9.10

鬼弁鉄板、焼きそばのルーツは『伊賀野カバ丸』

“焼きそば宇宙大戦争弁当”

#正田醤油製上州黒焼きそば #岡山産桃太郎ぶどう
#ラコスバータコウィンナー #鬼弁本舗

『伊賀野カバ丸』って
マンガがあったんだけど、
その登場人物が
焼きそばばっか食うんだよ。
当時は、弁当に焼きそばという
概念がなかったから
すげぇなって思ってたけど
そのマンガのおかげで
「イケる」って思ったの。
その影響のせいかわからないけど、
ツアーに回っていると焼きそばが
有名な所はたくさんあるから、
土産で買ってきて
弁当によく入れるようになった。
お気に入りは群馬の真っ黒い焼きそば。
これはソースも濃くて、すごくうまい。

キヨサク（ミュージシャン／MONGOL800）
ラコスバーのウィンナー間違いないね。焼きそばの麺を沖縄そばの麺に替えるのもオススメだぞ！

川畑要（ミュージシャン／CHEMISTRY）
さすが鬼さん、タコさんウィンナーの輝きがたまらんす!!

公立の子育て・私立の子育て

長男は根が本当にマジメ。
だからこそ、自立心を尊重して、
自由度も高い私立の小学校に通わせて
すごく良かった。
でもその分、子供たちにも発言力があるから、
気に食わないことがあったら問題になる。
先生の肩を持つ子もいれば、
授業を進めてほしい子もいる。
その先生だったら
授業を受けたくないという生徒もいる。
その中で自分はどう思うかを育てる校風は、
息子にすごく合っていたんだよね。
その分、ＰＴＡは本当に大変だったけど！
次男は正反対な性格で、
数年後に小学校に進学するんだけど、
ランドセルを投げ捨てて

公園で遊んでいる姿が目に浮かぶ。
保育園もすごく楽しそうに通っているし、
そこでできたコミューンを大切にして、
みんなと同じ公立小学校に通わせるのも
いいのかなと思ってる。

あいつ、友だちと肩を組んで、
「おれたち、なかまだよな!」って言ってるんだよ。
本当に長男と違う性格で笑っちゃうよ。

どちらも、譲れないほどの良さがある。
だからこそ、どちらがいいというのではなく、
子供にあった方に通わせるのが一番だと思ってる。

2014.10.15 & 10.23

ツアーの土産は翌日の鬼弁にフル活用

"タコから揚げ弁当" "タコライス(?)弁当"

#寝坊

#ベーコントマトのパスタ詰め #OAU #新潟 #さあ出発

TAKUMA(ミュージシャン/10-FEET)

お風呂で一緒に地図を見ながら話してた時の父ちゃんの声も、お弁当の味の奥に想像する地方の景色も、子供は一生忘れないと思う。これを「空手バカ一代」のキャラ弁にして欲しい。

創作料理のように作った今朝の弁当の余り物を食ったら、
ものすごくうまく出来てた。
さあ出発。

沖縄でライブをした次の日はタコライスにしたし、
お土産で買った盛岡のじゃじゃ麺も翌日の弁当のいいおかず。
お風呂に日本地図を張ってるんだけど、
子供と一緒に風呂に入ったときに、
「昨日はここにいて、今日食べたものはここの名物」って教えてた。
話のネタにもなるし、
親子のコミュニケーションにもなるから
ツアーのお土産は弁当のことを考えながら買うようになった。

いつもぶっつけで作ってたけど、
下準備しとくと楽チンって3年目で知った。

松田“チャーベ”岳二(ミュージシャン)
タコライスに見えない〜〜(笑)。

芦沢ムネト(お笑いグループ/パップコーン)
添えられたタコは、鍛えあげられた上腕二頭筋を表現してるんですね。わかります。

2014.12.20

男飯、万歳！茶色い飯、最高！

“ポット付弁当”

#残されませんように #願い

温かい弁当が食える〝ポット革命〟。
保温ができる
弁当箱を探して買ったのがこれ。
オレは基本的に小さなころ、
冷たいごはんが好きじゃなかったの。
自分が嫌いなもの、
子供にも食わせたくないからね。
この弁当箱なら、
スープも一緒に食べられて
身体が温まる。
建設現場の人たちが
現場で食べているのをみて
うまそうと思った。

浜田将充
（ミュージシャン／LEARNERS、飲食店スタッフ／RACCOS BAR）

ポット革命第一弾は現場へのリスペクトの茶色！！嬉しそうに盛りつけしてる姿が目に浮かびます。

荒井岳史（ミュージシャン／the band apart）

自分の親父がこういう保温機能付き弁当箱を持って仕事に行ってたのを思い出しました。男ってやっぱりこういうアースカラー弁当には惹かれるものがありますよね。

2015.2.3

恵方巻で感じる長男の素直さに感動…

“恵方巻弁当”

#極太恵方巻 #鬼弁本舗

海苔巻きを作るのが
上手になってきた年の節分に
初めて手作りの恵方巻を
弁当に入れてみた。
恵方巻って、毎年違う方角をみて
無言で食べるのが決まりだから、
朝に「この方角を向いて食え」って
教えてから持たせたんだよ。
帰ってきて、
「ちゃんとやった?」って聞いたら、
「やったよ」って答える
長男の素直さにちょっと感動した。
もし、俺の友だちが
同じことをやってたら
俺は間違いなく
「何やってんの」ってツッコんだと思う。

磯部正文
(ミュージシャン/HUSKING BEE)

お面と豆付き、まさに鬼弁👹 豆はまいたのか、まかれたのか? 手巻きを頬張る方角は合っていたのか? 想像がつきない☺

野原健史(農家/のはら農研塾 親分)

鬼の優しい棍棒! 息子、開けてビックリじゃね?! 弁当からも息子を守るトシロウの気持ちが伝わってるんだろうな。

2015.2.24

さながら女子並の気遣い 色数も品数も完璧

“ロールキャベツ弁当”

#桜が咲けば四年生か… #鬼弁本舗

ベランダから
いってらっしゃいと
手を振るチビに、
「ちゃんと歯磨きをしなさいね」
みたいな仕草を返して
学校に向かって行った長男は、
最近朝は自分で
起きるようになって、
朝飯食べるのもだいぶ早くなって、
今までよりも30分以上も早く
登校するようになった。

KenKen（ミュージシャン／ベースヒーロー）

子供が嫌いそうな野菜を、美味しく食べさせる優しさが伝わる！ ウインナーとイチゴの間のキャベツが、良い仕事してますなぁ！ こういう気遣いできるの羨ましい。それに僕は学生の時に毎日朝ごはん食べれなかったし、毎朝寝坊してたよ。あ、学校もそんなに行ってないや（笑）。エライぞ長男！

お米のはなし

この頃、
お米は黒米や古代米に凝っていて、
米だけで栄養が取れるように、
あわやひえなども
混ぜて食べさせてた。
お米に色がつくと、
色合いもよくなるし、
栄養もあって一石二鳥。

ご当地鬼弁日本地図

一年中、バンド活動で全国各地を飛び回るTOSHI-LOW。
その土地の名物を使った、食欲そそられるご当地鬼弁の分布図をご紹介。

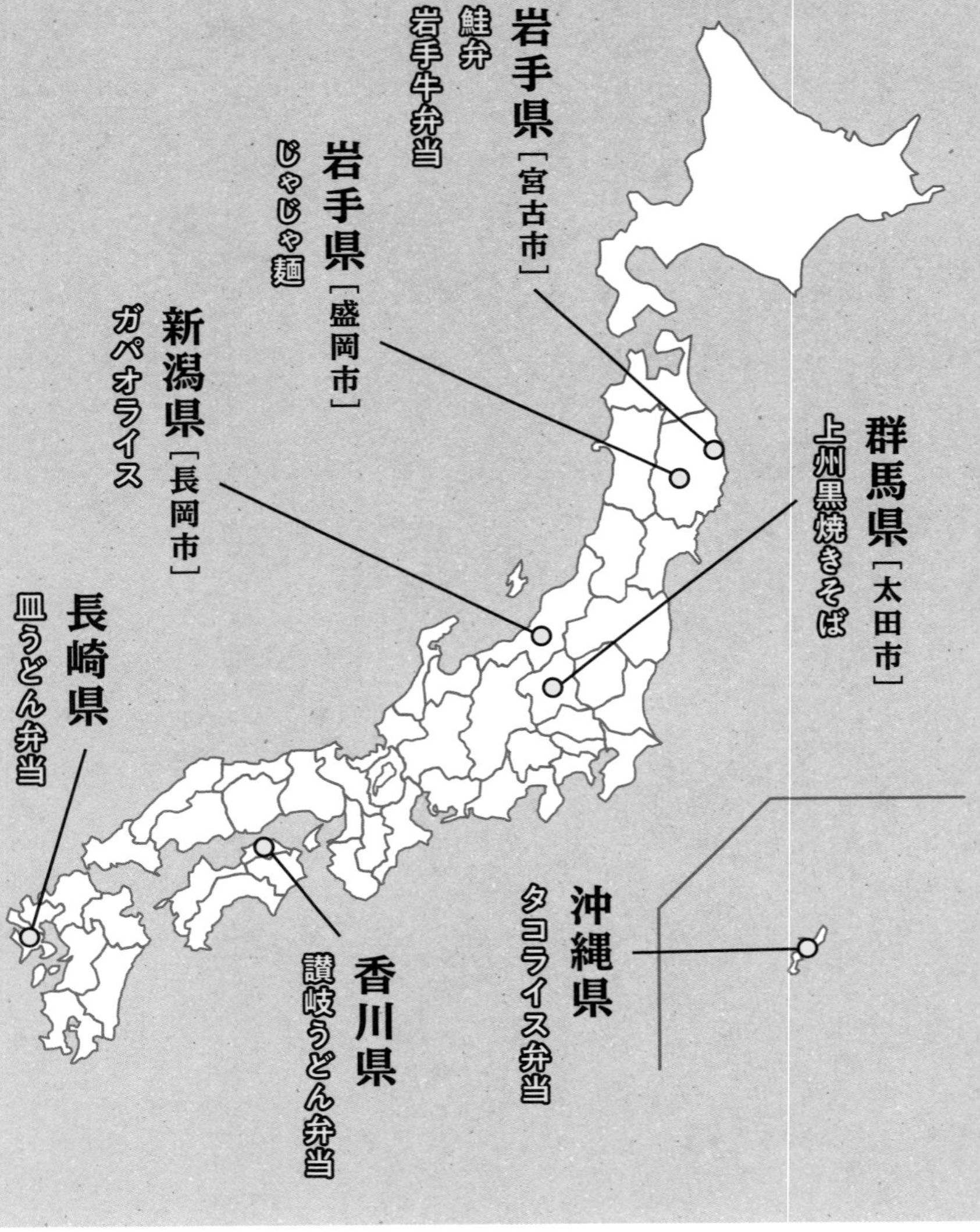

2015年4月 ～2016年3月

長男：小学4年生

この頃からちびは保育園に行きだしたから、弁当はいらなくなった。もともと長男は弟が欲しいって言ってたこともあって、高学年になってから面倒を見てくれるようになった。ちびの弁当がいらなくなってから、もう大人のような弁当だけでよくなったこともあって、肉をドーンと乗せたり、並べ方もそこまで考えなくてよくなった。これくらいから弁当を作るのが楽しくなってきた。

あとは、この頃からやっと下準備の大切さに気付いたんだよ。肉も前日に塩麹に漬けとけば、朝は焼くだけでいいからね。“なんだ、便利じゃん”って思ったのを覚えてる。それからは“漬けとけば便利”精神で毎日なにかしら漬け込んでた。前日にこのひと手間をするだけでこんなに楽になるなら、1年生のときからしておけばよかったって思ったよ。

2015.12.15

フタを開けたら黒一色!?

"黒コーデおはぎ弁当"

#鬼弁本舗 #黒一色 #ド渋 #小4 #3歳
#OAU #billboardtokyo

本日ビルボード東京で2公演だもんで
クールにキメました。
大人の黒コーデメンズ 冬。
シブい……。
おはぎをいただいたときに、
これは弁当に入れて
真っ黒にしてやろうと思った。
フタを開けた時、ビックリしただろうね。
弁当には何を入れたっていいんだよ。
だから、ごはんの上にあまった
ピザを入れたり、
そばやカレー、パスタなども全然アリ。
そもそも、
お弁当にこれをいれなきゃ
という概念はないからね。
腐らなきゃ、だけどね。

もも(ミュージシャン/チャラン・ポ・ランタン)

黒! 強! 渋! ビビッて1回フタを閉めると思う私なら…でも美味しいんだろうなぁ。パッと見完全に怖いけど、中身は優しいTOSHI-LOWさんみたい…。

いってらっしゃい

東日本大震災があってから、
俺は自分でもわかるくらい、人間が変わった。
それまでは人に自分の表しか見せてなかったけど、
裏表、全部どちらを見られてもいいやって思うようになった。
10年前の俺なら、こんな本を出すなんて絶対にしなかった。
そう変わったのは、ずっと続くと思っていた日常が、
なくなることを目の当たりにしたこと。
被災して子どもを失った方に、
「〝おかえりなさい〟って言えなかった事じゃない。
〝いってらっしゃい〟って言わなかったことに後悔してる」と
言われたことが、すごく衝撃だった。
それからは、とにかく機嫌が悪かろうが、よかろうが、
子供たちに「いってらっしゃい」だけは言おうと決めた。
それと同じ気持ちで、
弁当も、息子たちが必要としている間は、
ずっと作っていけたらと思ってる。

山嵜廣和（ミュージシャン／toe）

小4と3才に黒コーデの渋さ、伝わるのか。俺はわかるけど。そもそも子供は弁当にビックリを求めていないのでは…。親の気持ち子知らず。でも、“やるんだよ”が大事でもある。人生難しいね！ あと、個人的に飯に甘いオカズは嫌なので入れないで。カボチャの煮付けもNGワード。

2015.9.8 & 9.10 & 9.16

新幹線の中身は中年向け弁当です

“新幹線弁当（中年用精進弁当）”

#小4男子 #3歳男子 #弁当 #鬼弁本舗

LOW IQ 01（ミュージシャン）

弁当箱を開けた瞬間「メインのおかずは何？」と思うがメインのおかずは愛情だなぁ!!

TA-1（ミュージシャン／KONCOS）

N700系弁当に、例えば800系の箸で、明太子入れたら、博多で乗り継ぎだね！なんて話もできそうで夢が膨らみます…。

駅弁って、容器がすごく凝ってるものが多いから、
捨てるのがもったいない。
とくにこの新幹線弁当は息子もすごく喜んだ。
中身はいつもと一緒でも、
こういう器のほうがよく食べるんだよね。
ツアーでのお土産は、
新幹線の箸に凝ったときがあって、
いま、我が家にいろんな種類の箸がたくさん揃ってる。
カラフルに見えたり、
器のおかげで楽しげな気がしてるだけで
実は中身は渋い。
中年用精進料理って事に気付かないうちに、
食べ終わりますように(願)。

TAKUMA(ミュージシャン/10-FEET)

昔お婆ちゃんが作ってくれたカレーの味。それに似た味を口にすると、優しい気持ちになって、お婆ちゃんに会いたくなって、懐かしくなって涙がこぼれそうになる。そんな"お父さんの味"になるんやろな。これを「グラップラー刃牙」のキャラ弁にして欲しい。

マキシマムザ亮君
(ミュージシャン/マキシマム ザ ホルモン)

気の利いた小料理屋のお通し感あって、思わず小学4年生も焼酎をボトルで入れたくなるんじゃないでしょうか。

2016.1.27

俺のガキの頃とは大違い

“生姜焼きといちご弁当”

#鬼弁本舗 #小4 #3歳 #クソガキ

昨晩スーパーに寄って
「明日弁当に何入れる?」
って聞いたら
苺を持ってくるあたりが、
まだ小学生ぽくって
かわいいなあ。
「生姜焼き以外は
余計なの入れんな!」
って言ってた
俺のガキの頃と大違いね……。

武田航平(俳優/TOSHI-LOWファン)
この組み合わせを許せるか許せないかは父の過去と現在での意識の違いでしょうか。優しさを感じますね!

相澤陽介(ファッションデザイナー)
果物と肉を別々にしないのが男っぽい!!

学校に行かなくていいという父親と、学校に行きたい息子

長男の性格は、ひと言で言えば〝オタク気質〟。
でも、ひとつのことに集中しているのかなと思ったらそうでもない。
俺も飽き性だからそういうところは似ているのかも。
ただ、圧倒的に俺と違うのは、〝学校が好き〟というところ。
宿題をやらなかろうが、なんだろうが、あいつは毎日学校に行くんだよ。
俺は学校そのものが大嫌いだったから、
休めるなら休みたかった。俺たちの子供時代って、
まだ個性重視ではなかったから、どんな問題も答えはひとつ。
集団生活も、先生も好きじゃなかったし、
俺みたいな性格だと、どうしても居心地が悪かった。
「主人公がこう考えたのはなぜでしょうか？」
という問題は一番嫌いだった。
すべての人が、同じところで笑ったり悲しんだりしなくちゃ
いけないことにすごく疑問を感じていて。
だからこそ、行かなくてもいいと思っている親のもとで育っているのに、
ちゃんと毎朝、学校に行くから、偉いなと思ってる。

2015.9.3

まさに肉の塊

“ステーキ弁当”

#オクラは薄手の豚肉で巻いてる
#ステーキ丼 #小4男子 #3歳男子 #鬼弁本舗

そう。
おもむろに
フタを開け、
男が
漢になるために
かぶりつくんだ。
肉の塊に！
（頂き物）

TGMX
（ミュージシャン／FRONTIER BACKYARD、SCAFULL KING）

これ、働き盛りが食べる弁当でしょ！？ よく鬼弁にはトマトが入ってるけど、こんな小さいトマトのへたをトシロウがとってる様子を想像すると…（笑）。

八重樫東（プロボクサー）

まさに漢メシ！漢ならかぶりつけ！！ オクラソーセージもいい味出してる。

2016.1.14

キライなものは切り方と味付けを工夫

“煮干し弁当”

#鬼弁本舗 #3歳 #小4 #好き嫌い #野菜 #煮干し

テメーは
好き嫌いの多い
人生を歩んできたくせに、
子供のキライな
食べ物には不寛容。
実際は
切り方と味付けを
ちょっと工夫すれば食べる。
あ～そうか、
作り手側の
問題だったのね……。

古市コータロー
（ミュージシャン／THE COLLECTORS）

カルシウムだ！ 親心を感じるね。弁当のフタと一緒に鬼のお面も取れちゃうな。赤をきかせた彩りもキレイで美味しそう。

U-zhaan（ミュージシャン／タブラ奏者）

ほんとに食べてくれてるかはわからないよ！ 小学生のころ、プチトマトが弁当に入ってると必ず僕に押し付けてくる友達とかいたし。「煮干しおいしかった？」って長男に聞いたら、目を合わせずに曖昧な返事をするかもよ。

嫁による弁当レビュー

Special Review
by
RYO

りょうさん! 鬼弁に一言ください

「妻のりょうは、時にユニークすぎる鬼弁のことを
どう見ていたのか!?
TOSHI-LOW本人にも内緒の本気レビュー!」

りょう
Profile

りょう 女優・ファッションモデル。
1996年に『ロングバケーション』で女優活動開始。
映画、ドラマ、CM、演劇と幅広く活動中。

1, 飲み屋の詰め合わせ弁当 ⇨ P028

赤いウインナーは我が家の冷蔵庫にはないので前日行きつけの飲み屋さんで飲んでいた証拠（笑）。もっと飲みたいけど明日お弁当を作らないといけない…でも飲みたい…朝起きられなかったらどうしよう…って思いながら帰り際に「お弁当のおかずに一品ちょうだい!」って流れのタコさんウィンナーですね（笑）。

赤ウィンナーは
前日飲んでいた証拠

一番好き

2, そうめん弁当 ⇨ P086

夏場にそうめんのお汁を凍らせれば、お弁当の時間に美味しく食べられる…その発想に感心! 歴代のお弁当の中で一番衝撃が大きかったかも。お弁当箱を開けて子どもが食べるところまで想像しての、季節を感じる盛付けやくっつかずに食べられるサイズ感。これは見習わなければっ!

TOSHI-LOWらしい

3,

ステーキ弁当

“かぶりつけ!”って言わんばかりのTOSHI-LOWらしいお弁当。小学校低学年だったら食べやすく切っていただろうけど、5年生ならではの大胆さですね。長男も「おおっ!」と思ったことでしょう。子どもの成長に合わせて考えてくれるのも嬉しい。

必ずお土産を買ってくるタイプ

4,

新幹線弁当 ⇨ P052

TOSHI-LOWはライブで地方に行くと必ずお土産を買ってきてくれる。一時期、日本中の新幹線のお箸でいっぱいでした（笑）。この新幹線の器も元々は駅弁。“これをお弁当箱にしたら子どもが喜ぶ”と、中身よりも器目当てで選んだはず。そういうところも子煩悩だなと思うところの一つ。

ケチャップライスはよく作るけど

5,

ガーリックライス弁当 ⇨ P096

私もお肉に添える程度にガーリックは使うのだけど、開けた時の匂いを考えてしまうからガーリックライスまでは作ったことはないかな。ケチャップライスはよく作るのだけど。長男がガーリックライスが大好きなのでこのお弁当はとても喜んでいたのを覚えてる。余計な事はあまり考えなくても良いのかもね。

6, 飾り切り弁当

ゆで卵を半分に切るだけでもかわいいのに、それをわざわざ飾り切りにして黄身を取ってトマトを入れるという…さすが調理師免許を取得してるだけのことはあります（笑）。トマトと鮭はお弁当に入れるとあまり食べない食材だから、見た目から食べたいと思わせる工夫にグッとくる！

金太郎飴シリーズと
呼んでいます

7, 金太郎飴シリーズ弁当

まるで金太郎飴のように、ちくわの中にソーセージやオクラが入っていて見た目もバラエティ豊かで食欲をそそられる。他にもプチトマトをくり抜いてチーズを入れたりと、プチトマトを器にしたのには驚きました。よく見るとちくわに入ったソーセージがGAUZEやDEAD KENNEDYSのマークだったりするから面白い（笑）！

することはない

8, ウィンナー星人弁当 ⇨ P020

長男は小さい頃は、見た目でお弁当を残す事がよくありました。ひじきが怖いとかね…（笑）。ウィンナーは子どもも喜ぶし調理しやすいし万能アイテム。でも、タコさんウィンナーは作ることがあっても、こんな可愛らしい目や口の付いたウィンナーを作る事は私はないかな（笑）。子どもがどんな顔をして口に入れるのか見てみたい。

業者になれるんじゃないかっていうクオリティ

9,

秋の行事弁当　⇨ P076

運動会と秋のいちょう祭りという二大イベントがあるのだけど、この時はおじいちゃんやおばあちゃんも来るのでとにかく量が多くて大変なんです。この年だけはどうしても私が作れなくてTOSHI-LOWにお願いしたんだけど、ほぼ徹夜で作ってくれたみたい。こんなにクオリティ高いお弁当が作れるなら毎年頼めば良かったかな（笑）？ 大きな行事のお弁当には、子どもたちの大好きなハンバーグを入れるのが、うちの特徴です。

10, 乾ぱん弁当　⇨ P012

体験して身に付かせる

お弁当に限らずTOSHI-LOWは、生き抜く力も子どもに大事に教えています。だから缶切りを持たせたのも“缶ぐらい開けられるようにならないと”という思いと“開けられなかったら食べられないんだぞ”ということ…来るべき緊急時の備えとしても伝えたかったんだと思う。そこまで考えて子育てをする人ですね。体験して身に付かせる、なんでもやってみろ！というのは彼の子育てのスタンスだと思う。ただ私だったら、お弁当に缶切りは持たせないかもね（笑）。

2016年4月 〜2017年3月

長男：小学5年生

長男は、すごく優しい。運転しているときも、俺が寝ないように助手席から話しかけてくれるし、常に気を使ってくれることがすごくわかる。なんとなく、その場を察して空気を読むのが上手なんだよね。それに、この頃になると、大人が何を言えば喜ぶかがわかってくる。これが大人への成長の第一歩なんだと思う。

愛情って、1日1日が大事だけど、こうやって何か考えるようになってからじゃなくて、3歳とか小さなころに抱きしめてもらった記憶が変化したものなんだと思う。生まれてきたことを何も考えずに、全肯定してくれる存在がいるって、たとえそれが親じゃなくてもすごく大事なこと。それがあれば大丈夫じゃないかなって思うことがある。俺もりょうちゃんも、子供たちが小さなころは、間違っていることは軌道修正しつつ、肯定してきたつもり。だからこそ、これからは寂しくてもなんでも、息子たちは自分でどうにかしていくしかない。もちろん、人生は楽しいことだけじゃない。友だちに仲間外れにされることもあるだろうしね。でも、父親の俺はそれを深く追及せず、息子たちがどう乗り越えていくのかを、ただ見守っていこうと思ってる。

例えば、子供の変化に気づかなくても、それは仕方ないこと。たまたま見逃しちゃうことだっていくらでもある。俺が小学2年生の頃、耳垢が詰まりすぎて大変だったことがあったの。その時に、親父がお袋に「なんで気づかなかったんだ!」ってすげぇ怒ってたの。でも俺としては、お袋が気づかなかったことなんてどうでもよくて、その耳垢を耳鼻科でジェット噴射で取った経験の方が面白かったんだよ。まぁ、手を差し伸べることももちろん大事だけど、これくらいの年齢になると、介入しすぎるのもよくないからバランスが大事なんだよな。

…あぁ、子育てってめんどくせぇな。

2016.6.30 ～ 7.4

まさかの5日連続タコライス

“タコライス弁当”

#沖縄 #予告飯

#家族旅行計画

#ガッツがある

TGMX（ミュージシャン／FRONTIER BACKYARD、SCAFULL KING）

「忍耐力」というメッセージ！？5日連続…かなりスパルタ。「ザ・ガマン」。

キヨサク（ミュージシャン／MONGOL800）

沖縄に呼んだのは私です、すみません。タコミートに刻んだオリーブを入れたり、茄子を入れて和風タコライスもおススメだぞ。1週間はイケるぞ！

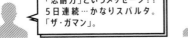

沖縄ライブの帰りは、必ずタコライスの素を買ってくる。

沖縄にはよく行くから1年に1度は作っていて、長男は昔からタコライスが好きだった。

久しぶりに作ったら「やったー」って喜んでるけど、
今週末も島ライブだから「来週はずっ～とこれだぜ」と冗談半分で予告。

そうしたら「明日もコレがいい」って毎日言うから、
あれよあれよと前人未到の5日連続タコライスを達成した。

さすがに5日目に「もういい」って言われたけど、
将来は立派な海人（蛸漁師）になれるはず。

というか、これだけタコライスばっか食べたいっていうのは、もしかして沖縄への憧れ？

あっそうか、沖縄に連れてけってことだな。

長男が通っている小学校は、沖縄の教育をしっかりするところで、
6年生になると沖縄旅行に行くの。

ただ楽しい場所に行くだけではなく、集団自決した場所や米軍の基地なども巡る。

学校に琉球新報が張ってあるから、辺野古の基地問題もしっかり知ってる。

学校が教育に熱心だから、俺もちゃんと向き合ってそこに対して話した。

何事も、知ることは大事だからね。

ダイキ（お笑い芸人／ブリリアン）
サルサ、メンソーレ、withB！ 5日目はその日のクラスのトレンド入りだね！

GODRi（ミュージシャン／SiM）
絶対飽きない！ 息子になりたーい！

自信に根拠はいらない やれると思ったらやればいい

長男は岡本太郎が大好き。
それもあって
「太陽の塔が見たい」って言うから、
家族で大阪に旅行したのはいい思い出。
長男は小学生のころから
アートが好きで、
よくひとりで美術館に行ってた。
俺は絵をまったく描けないし、
デザインもできないから、
きっと絵が好きな
りょうちゃんに似たんだろうね。
絵だろうが文章だろうが、
アウトプットができるということは
すごくいいこと。
学校で決められているもの以外の

好きなことを持つって
社会に出た時の武器にもなるし、
助けにもなる。
自分の世界があるだけで、
いろんなことから救われるんだよ。
好きなものがあったら、人生は勝ち。
好きなものって、仕事にも生きる支えにもなるからね。
それを否定するドリームキラーって言われる
親や人もいるけど、
俺はそれにはなりたくない。
そもそも、自信に根拠はいらない。
100%成功することなんて、
この世にはないんだから。
ただ、やれると思ったらやればいいと思ってる。

2016.11.25

卑猥に見えたヤツが卑猥

"100%熊本産弁当"

#鬼弁本舗 #小5 #プリンセスポーク #前田牧場 #のはら農研塾 #赤米 #さつまいも

松浦美穂
（ヘアスタイリスト／TWIGGY.オーナー）

まさに「卑猥」と思う人が「卑猥」。なんて本質なんだ!!と、いつもその言葉に納得しながらソーセージを食べてます…（笑）。

野原健史（農家／のはら農研塾 親分）

うちの畑で育った熊本からの愛をそのまま弁当に詰め込んでくれて嬉しいよ! 熊本から奏でる熊本ウマイモン弁当だな!!!

熊本でライブをすると、
名物のソーセージを買ってくるのが定番。
弁当に入れるとどうしても卑猥になる。
でもこれ以外の並べ方は思いつかないからよしとした。
長男からのコメントは特になかったから
卑猥だとは思ってないはず。卑猥と思うヤツが卑猥。
日本各地から食材をもらってありがたいのは、
財布の中って話じゃなく、
コレがドコで出来て何故ココに入ってるかっていう、
食物の産地勉強プラス
送ってくれる人との繋がりを自然に話せること。
通販サイトでは買えない、人と人との繋がり。
言葉に出すとウソっぽくなるやつを、
実感として自分の血や肉にしていく。
たぶんこれ食育ってやつだな。
今日は100%熊本産で。

田村亮（お笑い芸人／ロンドンブーツ1号2号）

次はミートボールを足すしかないね。

2016.11.1

鬼弁はついにネクストレベルに!

“皿うどん弁当”

#鬼弁本舗 #小5 #長崎

見知らぬ土地を旅し、
初めましての人々と触れ合い、
出逢いを大事に持ち帰る。
写メ映えするだけの
薄っぺらいおいしさを超えて
弁当は今、次の次元へ……。
「皿うどん(あんかけ別)」
この弁当は、我ながら
ネクストレベルまで行った気がする。
サーモスの保温ポットに入れた
あんかけをかけて食べるという
アイデアに溢れた弁当になった。
ただ、「脂っこい」と言って
残して帰ってきたけどね。

善し(お笑い芸人/COWCOW)
小学生の頃ってこのパリパリ麺が許せなかったなあ。何が美味しいのと思ってた。でも今は許せる!! この弁当絶対美味いはず!! これ、長崎駅で販売希望!!!

井浦新
(俳優/ELNEST CREATIVE ACTIVITY)
でも記憶に残るお弁当になったろーね。これ好きだなぁ。鬼弁史上1、2を争う迷作!

2017.2.16

リクエストは3倍返し!

" サンドウィッチ弁当 "

#鬼弁本舗

長男にサンドウィッチを
作ってって言われたから、
普通のシーチキンサンドではなく
3倍くらいがんばって
本格的な
サウンドウィッチを
作ってみた。
でも、本人が思ってたのとは
違っていたみたいで
それが嬉しかったかどうかは
わからん。

紗羅マリー
(女優、モデル、ミュージシャン)

#うおー!
#サンドウィッチのいいとこ取りー!

川畑要(ミュージシャン/CHEMISTRY)

男サンド、枝豆、鶏肉とたんぱく質祭りですね!!

2017.2.27

そもそも弁当箱に入ってない

“ホットドッグ弁当”

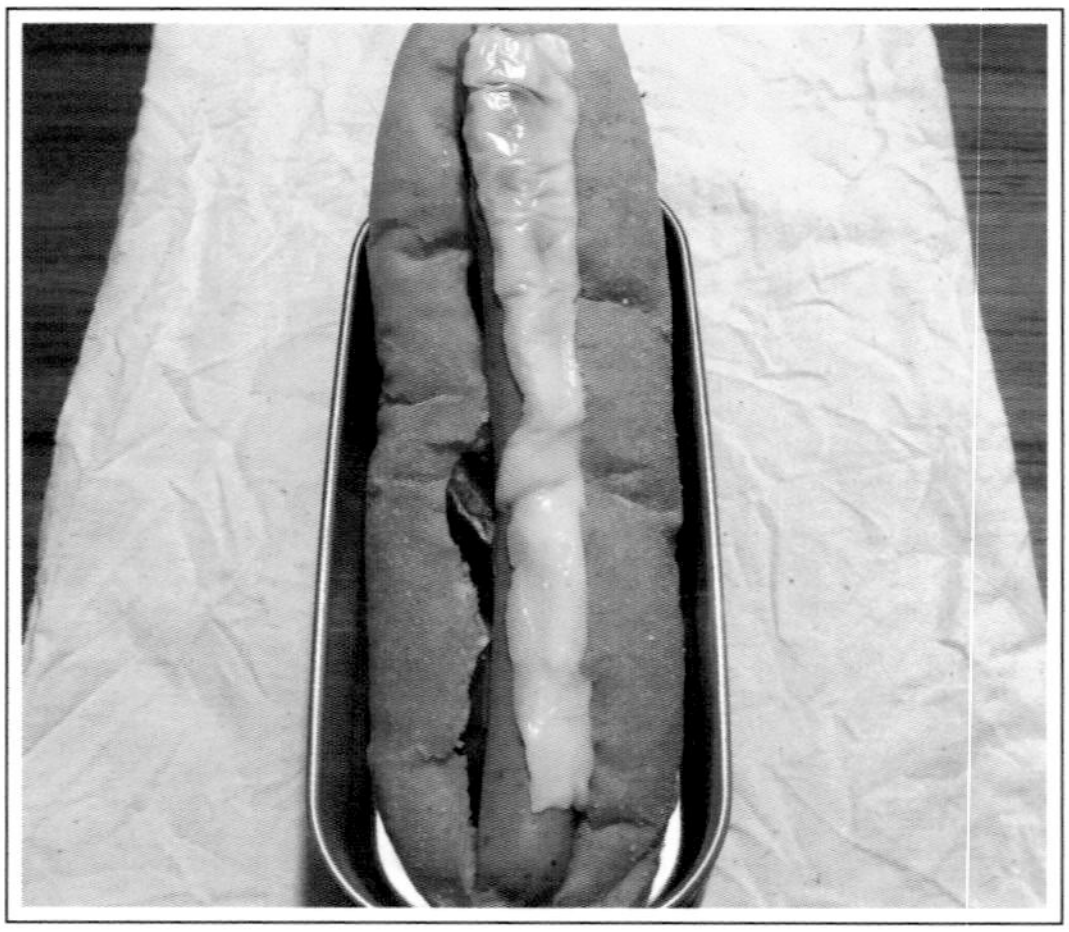

#自由と解放 #おさまらない #リトルナップコーヒー(もらいもの)

小さな規則や校則、
果ては習慣から法律まで、
様々なしばりで
窮屈な現代社会……。
せせこましい枠なんかに収まらず、
自分が思うがままにはみ出ろ！
自由だ！
そんな事を思いながら、
朝方まで飲んでいたお店で
何か弁当に入れるもんないかって
聞いたら、
このホットドッグをもらったの。
弁当箱に全然入らないから、
無理やり詰め込んだよ……。

マキシマムザ亮君
(ミュージシャン／マキシマム ザ ホルモン)

弁当に込められたこじつけメッセージの経緯込みで、枠枠(ワックワック)させてもらいました。

濱田大介
(Little Nap COFFEE STANDオーナーバリスタ)

収まってない！ 収まりきらない！ それが人生！ 知らぬほか弁より馴染みの鬼弁。

2016.5.12

決意と気合の鶏の照り焼きだ

" 鶏の照り焼き弁当 "

#鬼弁本舗 #小5 #運動会 #サイコビリー

長男は8時10分に
ライン引き。
私は9時20分に
運動会実行委員会で、
保護者競技種目を
決めます。
パンチ合戦を
推してみます。

高野寛（ミュージシャン）

チキンと、いや、キチンとしてる。弁当だけでなく。

運動会競技で提案したパンチ合戦

何度も言うけど、俺は学校が嫌い。だから、ＰＴＡも大嫌い。
だからこそ、ＰＴＡの集まりはどうしても敵対心が出てきちゃうの。
それなのに、出なくちゃいけないから出席する。
そのときに、自分が大嫌いな親になってしまったように感じて、
耐えられない。
あの集まりって、答えのない話が延々と続く印象があるんだよね。
その時間が本当に無駄に感じる。
きっと、ここまで嫌悪感があるのは、
俺は子供のころから学校行事が本当に嫌いだったからだと思う。
それに、親が運動会や授業参観に来ること自体、嫌だったからね。
恥ずかしいのもあるし、なんとなく、来てほしくなかった。
親側になってみて、そういった学校行事に参加すれば、
子供の成長が確認できるし、普段見ることのないほかの子を見て、
なんとなく〝あいつはこういうタイプか〟って思うことは
できるけど、やっぱり苦手。
こればっかりはもう性分だから仕方ない。

でも、決まりは決まり。
一度、運動会の委員をやったときに、
競技候補として「パンチ合戦をやったらいいんじゃないですか？
もっとガンガンやって、ぶっ潰しあいをしたら
面白いと思うんですよ」って言ったら、全員に無視されたけどね。
でも、ＰＴＡに参加して気づいたのが、
多くの人は平均値を取るということ。
すべてに対してリスクマネジメントが強すぎて、
結局大して盛り上がらないような競技になるんだよね。
だから、自分の心に小中学生の頃の運動会や学校行事の
思い出がほぼないんだと思う。
俺からしたら、ちょっと決まりからはみ出しても、
面白いほうがいいって思うんだけど、世の中のほとんどの人は、
そういうことは許さない。
だから、ルールをはみ出て、何かしようとする人が叩かれる。
慣れてるけどね。

2016.10.8

夜明けから作った
行事弁当は伊達じゃない!

“秋の行事弁当”

#鬼弁本舗 #小5 #いちょうまつり

KenKen(ミュージシャン/ベースヒーロー)

これをたった一人で?! すごすぎる! りょうさんの徹夜ハンバーグの話も、心が華やかになる。うちも二人兄弟だったから、運動会のお弁当は好きなものを沢山作ってきてくれて、本当に嬉しかったなぁ。お母さんが頑張ってくれていたんだなぁ…。いまからお礼の電話します。20年くらい経っちゃったけどね。二人も大人になってこの本を読んだら、トシロウさんとりょうさんに、ありがとう言うんだよ。

MAICO
(料理講師/COOK LOVER TOKYO)

これ…1人で作ったんだよね?! もはやビュッフェパーティーの規模(笑)!

から揚げを大量に作るのは本当に大変だった。
俺、これに関しては超頑張ったよ。
さすがに時間がかかって、
揚げ終わったときには、出発しなくちゃいけない時間で焦ったのを覚えてる。
子供たちの大好きな焼きそばに春巻き、今まで評判の良かった物を全部入れてやった。
この年だけ俺が作ったけど、あとの年は全部りょうちゃんが作った。
りょうちゃんは毎回ほぼ徹夜でハンバーグを作ってくれる。
毎年これをやってると思うと本当に頭があがらない。

午前中の土砂降りで狭い体育館と思いきや、
雨上がりの後、水たまりだらけの運動場を雑巾で絞りとるPTA。アナログ。
人海作戦で、まさかの運動場奪還&徹夜明けの体力を全て搾取。
眠気でギリギリ見てたけど、
朝練でしっかり覚えた踊りは迷いが無くて、
最後はバッチリ目が冴える大変良い大森御神楽でした。
六年生の沖縄エイサー見て、1年後を想像してウルウルしてたのは内緒で……。

高山都（モデル・女優）

「お弁当に唐揚げはいつの時代も鉄板！」だと勝手に思っています。カリカリの衣は冷めても美味しいし、みんなで囲む特別な日こそ、四方八方から手が伸びる絶対的ヒーローのようなおかずが必要。唐揚げを漬け込んで、朝からひたすら揚げてる……父ちゃんの姿が勝手に想像されて、泣ける。お弁当って、どんな世代でもアナログ作業であってほしい。準備する方は、本当に大変だけど、どんなに時代が進んでも、これだけは変わらないでほしいと思ったりします。ずっと忘れない味は、ひーひー精魂込めて作ってくれたお料理だ。

2016.6.1

長男がくれた一生の宝物

“大吉弁当”

#鬼弁本舗 #小5 #おみくじ #おまもり

ナヲ（ミュージシャン／マキシマム ザ ホルモン）

もうっ！こんなの貰ったら絶対泣いちゃう！！ まさに「鬼の目にも涙」！！
心なしかタコさんウィンナーもニッコリ笑ってる気がする。

このおみくじは、長男がくれたんだよ。
長男は人を喜ばせるのが好きな性格で、俺みたいに雑じゃない。
実際に、すごく嬉しかった。

「仕事：全力で楽しんでやるといいでしょう。
金運：うれしい事があるとお金がまいこむ。
失物：自分のすぐ近くにあるでしょう。
家の事：いつもお弁当を作ってくれてありがとうございます。
全部の事：ライブでいろんなところへいって、
いろんな人とあって大変でしょうけど、みんなおうえんしています。
がんばってください。」

冷蔵庫に張ってあった紙に、今後の人生を占ってもらいました。
もう死ぬまでずっと頑張れます。

濱田大介
（Little Nap COFFEE STANDオーナーバリスタ）

恋愛…早く家に帰るのが吉。

渡辺俊美
（ミュージシャン／TOKYO No.1 SOUL SET、THE ZOOT16）

俺も、占って欲しい！ でもこれは占いじゃない、メッセージだ。瀬戸内寂聴以上の”力”のある言葉！ 俺も頑張れる！

家族は好きと嫌いだけじゃない
特別な感覚

バンド活動を始めたころは、
あたりまえだけど子供はいなかった。
だからこそ、
そこに子供が出来て、
生まれて、
生活の中の当たり前の存在になることは、
嬉しくていい反応もあれば、
正直、拒絶反応もあった。
でも、この拒絶反応があったからこそ、
いろんなものが見えたし、
新しい考え方にも出会えたんだけどね。
例えば、子育てをしながら、
自分の子供の頃の原風景が見えたり、
因果応報のように、
自分が親にしてたことを子供がしていて、
〝やっぱりこうなるのか〟って思ったり…。

だからこそ、
朝から弁当を作ることが清々しいと
言ったらそうではなく、
自分の嫌な部分も見えたりするんだよね。
でも、りょうちゃんと2人の夫婦間だけだったら、
好きと嫌いで終わっていた感情が、
子供に対しての
〝好きでもなければ嫌いでもない〟という
〝家族〟だからこそ生まれる感情が出てくるから、
どんなことも
受け止めるしかないってなるんだよ。
もちろん、
受け止めたくないのもあるけどね。

2017.2.15

ギリギリでもこのクオリティ

“照り焼きチキン弁当”

#鬼弁本舗 #小5 #腹痛 #4歳 #インフルエンザA型
#はやくなおれ

本調子ではないけど、
ギリギリで登校を
決心する長男だもんで。
ギリギリで
朝食&弁当作り開始。
出発ジャスト1分前完了。
予備のパンツ持っていくって、
どんだけ学校好きなのよ。
俺だったら絶対休むなぁ。
「保育園行かなくっていいよね!」
って次男は朝からドラえもんの
映画観てゲラゲラ。
インフルエンザを満喫中。
兄弟でこうも違うのね。

もも(ミュージシャン/チャラン・ポ・ランタン)
うっあ。まだ食べてないのに、美味しい!って言っちゃいそう。

KOUICHI(ミュージシャン/10-FEET)
この完成度からしてギリギリじゃなく、前日仕込みの可能性あり弁当だと僕は思っています。

兄弟の性格ってぜんぜん違う

次男は本当に自由。弁当を作っていても、
「食べていい？　ねぇ、食べていい？」って
言いながら先に食べちゃってるタイプ。
長男は絶対にそういうことをしない。
でも、次男ってどこもそうだと思うんだけど、
親が一度初めての育児を
経験した後に生まれてきているから、
育て方は第一子とは違うんだよ。
最初はどんな飲み物も
ものすごく冷ましてから飲ませてたけど、
いい感じにいい加減になるから、
「いいじゃん、大丈夫、大丈夫」ってなるんだよね。
離乳食もおっかなびっくりだった長男に比べたら、
ものすごく雑だった気がする。
よく言えば、〝おおらか〟。
さらに、長男のことを見て育ってるから、

すごく要領もいい。
コミュニケーションも上手だしね。
同じ家で育っても、
兄弟の性格ってぜんぜん違うんだな。
きっと、長男と次男、
職業もまったく違うものに就くんだと思う。
両親がミュージシャンと女優だから、
その道に行くこともあるかもしれない。
ちょっと前なら、
その職業の苦労を一番知っているからこそ、
なって欲しくなかった。
だって知らない人たちにボロカス言われて、
いいと思っているものを侮辱される。
俺はこの仕事が好きだから耐えられるけど、
子供たちが同じ目に合うと思うと、
〝それに耐えられる？〟って思う。

でもさ、
俺たちは好きなことを
仕事にできた人間だからこそ、
〝好きなことを頑張ればなりたい自分になれる〟とか、
〝人生のすべては思い通りにはいかないけど、
乗り切ることはできるよ〟と
言うことを伝えられる。
でも、そうじゃないと思っている人って、
すごくたくさんいるんだよ。
揚げ足を取ることに一生懸命な人、
頑張っている人を見下す人がさ。
だからこそ、何を言われても、
自分が好きなことを信じて続ける力が
必要なんだと思う。

2016.7.25

麺つゆを凍らせる驚愕アイデア!

"そうめん弁当"

#鬼弁本舗 #小5 #冷製 #ソーメン

磯部正文
（ミュージシャン／HUSKING BEE）

想像に遊び、創造で遊ぶ！且つ合理的、やばし！想像したら面白いけど、やっぱナタはやばし！

山口隆
（ミュージシャン／サンボマスター）

大人に近づく小五の夏に大人の夏味。工夫の入ったお弁当で大人になっていける幸せ。

すっかり夏休み気分でいたら
まだ弁当あんのかよ〜。

凍らせたつゆが溶けたらズズッとすすって、
一学期ラスト前しっかりピシャっと締めてきな。
麺をひと束ずつ食べられるように
ねじって十割そばのように入れる。
1個1個薬味を散らして置けば食べやすいでしょ。
めんつゆを凍らして上にのっけておけば保冷剤にもなる。
夏は食欲がないけど
これならつるっと食べられるから
マネしてほしい。
いつか竹の筒とナタを持たせて
流しそうめんやらせようかと思ったんだけど
さすがにナタを持たせてくれる学校はないから断念。
楽しいのになぁ。

田原104洋
（アパレルブランド／Mobstyles、ランニングステーション／&MOSH）

アイデアの宝石箱じゃんか！ 見た目もキラキラしててやっぱり宝石箱じゃんかー！ ミュージシャンにしとくのはもったいない(笑)。このページ見るだけで、この本を買った価値あり！

横山健
（Ken Yokoyama/Hi-Standard）

もんげーーーーーー!!!!

鬼が再現！

そうめん弁当

鬼弁屈指のオリジナリティ、
そうめん弁当のレシピをTOSHI-LOW本人が直々にレクチャー！

\ START /

< 1 >

材料は至ってシンプル。そうめん、ちくわ、ウィンナー、ゆで卵、キウイ、ミニトマト、オクラ。薬味用に穂紫蘇、大葉、生姜。

< 2 >

必要な調理道具は鍋とフライパン。今日はそうめん一束なので、1リットルほどの水を鍋に注ぎ火にかける。

< 3 >

湯を沸かしている間に薬味を刻む。穂紫蘇は指でしごくように。

< 4 >

湯が沸いたらそうめん投入。90秒〜120秒でササッと。
茹で終わったらザルに空けて水を注ぎ熱をとる。

< 5 >

続いておかず作り。ゆで卵は写真のように包丁を立てジグザグに入れていく。

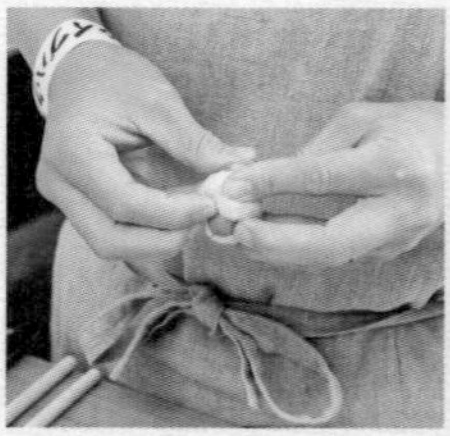

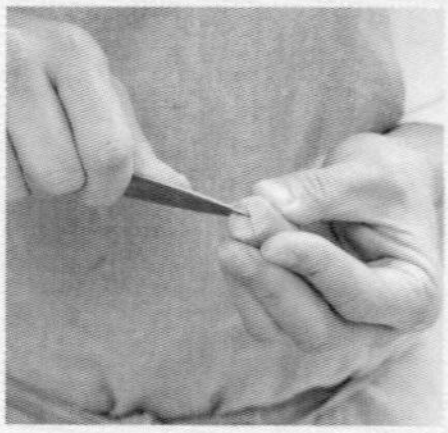

< 6 >

続いてウィンナーにも飾りを入れて（好きなバンドのロゴマークにしても良し！）サッと焼く。それをちくわに入れれば見事な金太郎飴シリーズの完成！

ウィンナーとオクラの先端は、ちくわに入れた後に切るのが入れやすさのコツ。

< 7 >

いよいよそうめんを弁当に詰める。一口サイズになるようにフォークに絡め、お弁当に入れていく。さきほど切った薬味は、そうめんの上にお好みでパラパラと。胡麻を振っても可。

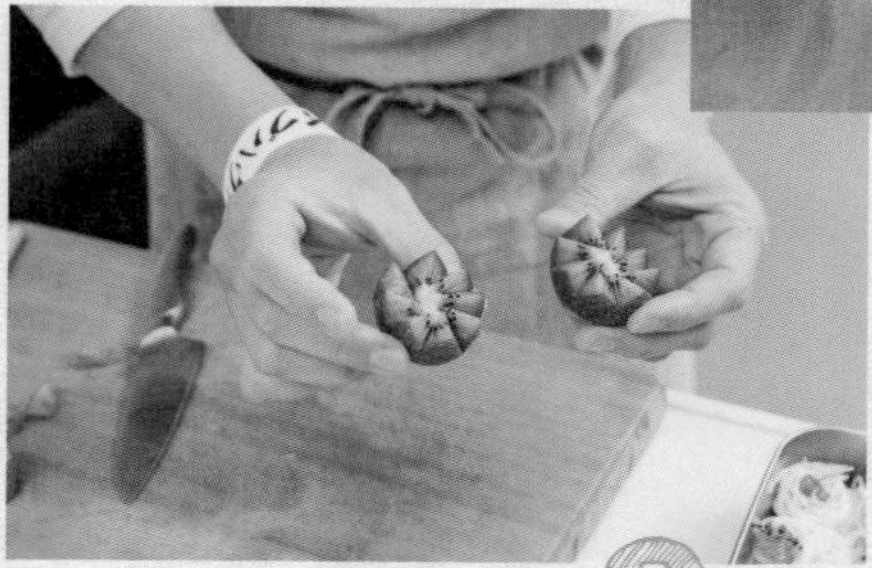

< 8 >

最後にデザードのキウイを、ゆで卵を切った時と同じようにジグザグに。

＼ できあがり ／

< 9 >

まるでグルメ漫画から飛び出したような、そうめん弁当が完成！ ちょっとした一手間で、シンプル素材がこんなに彩り豊かな弁当に。麺つゆは冷凍庫で凍らせておくと、夏の暑い時季は保冷剤代わりにもなるおまけ付き。

鬼弁を彩る道具たち

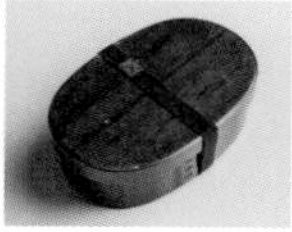

主に妻が買ってきたという道具たち。デザインは至ってシンプル。
ちなみにお気に入りのエプロンは、妻からの誕生日プレゼント。

2016.11.17

鬼が作ったキャラ弁

“パンダのキャラ弁”

#鬼弁本舗 #小5 #中国vs印度 #ごパンダ

子どもの弁当作ってるって、
こういうイメージなんだろうなぁ。
キャラ弁的なグッズを
使ってくださいって
貰うことがあっても、
「あ〜はい…」って
全く使うことがなかったけど、
長男が興味ある様子だったので、
本当にこの哺乳類の
獣と夕食の残りで良いのか？と
5回確認しても良いと言い切るので、
今後起きる第三次世界大戦における
凄惨な戦争を
伝えるために制作しました。

芦沢ムネト
(お笑いグループ／パップコーン)
いや、テーマ聞いたら食べづらいわ！

相澤陽介(ファッションデザイナー)
キャラ弁って、子供の事を思って作るから愛があって素晴らしい！

2016.11.18

パンダのキャラ弁から一転

“やっぱ昭和弁”

#鬼弁本舗 #小5 #サンバイザー兄弟 #龍野ウロ子
#鮭ちゃんちゃん焼き

昨晩は池袋で
極道になった母を観て、
(演劇「サンバイザー兄弟」に出演)
自分の血筋を
感じたろうから、
やっぱキャラ弁より
昭和弁だろ。

仙波レナ(スタイリスト)

さすがなネーミング。なんでだろう…このネーミング愛を感じてしまいます♥

川上つよし
(ミュージシャン／東京スカパラダイスオーケストラ)

うわっ！ 俺、これで飲める。今度、新幹線移動の時に俺にも作って下さい(笑)！

自分の人生だから、宿題やらなくてもいい

俺が子供に求めるのは、
「生きていける力があればいい」
ということだけ。
例えば、いろんなものを買い与えられて
〝欲〟だらけになっちゃう子もいるけど、
自分の満足をわかる子もいる。
家が裕福じゃなかったからこそ、
いろんなものが欲しくて
頑張る子もいれば、
子供の頃に
満たされていることも悪いことじゃない。
三つ子の魂百までって言うけど、
この人に抱きしめられて
生まれたってことがわかるだけで、
その差が大人になって出てくると思う。
そのさみしさを埋められなくて、

間違った道に走るヤツもいるからね。
でも、自分の人生だから、
宿題やらなくてもいいんだよ。
それは自分で怒られればいい。
俺も、子供にいろんなものを
買えるうちは買ってあげるけど、
買えなくなったら買わない。
たまに、厳しすぎて
お菓子を食べさせない家もあるけど、
そういう人は大人になって
狂ったように食うヤツもいるからね。
それを思うと、
あまりセーブしすぎるのも
よくないと思ってる。

2016.9.16

リクエストはこれだけ

"ガーリックライス弁当"

#鬼弁本舗 #小5 #牛脂 #無料 #ニューアコ #準備

昨日のスーパーで
弁当の買出し。

中身は何がいいか聞いたら
「ガーリックライス」

おかずは？

「んー…ジャガイモ」

あとは？

「それだけ」

だけ？

「だけ！」

買い物必要ねぇ…。

こんな感じでいいのか…。

VERDY
リクエスト通り(笑)！
シンプルに美味しそうです。

U-zhaan（ミュージシャン／タブラ奏者）
これはうまそう…。低糖質ダイエットブーム
に一石を投じる、フル炭水化物弁当だね。

2016.11.9

胃もたれも何のそのの完成度

“オクラの肉巻き弁当”

#鬼弁本舗 #11歳 #4歳 #42歳 #スキヤキ

サシの入った
高級お肉で42歳の誕生日を
お祝いしてもらって、
気分良く起きるはずが、
かつて経験したことないほどの
胃もたれ。
確実に歳とってる。
中年の現実を
的確に
教えてくれてありがとう。
内臓いたわろ…。

KO（ミュージシャン／SLANG）
これもはや、子供のお弁当の領域を遥かに超えてますね。「もうデパ地下ですか？」ってレベル。

松田"チャーベ"岳二（ミュージシャン）
サシが入った肉とはすごい！
もたれるお年頃になったよね～！

2016.6.15

今日の弁当、吉野家みたい!?

“吉野家牛丼弁当”

#鬼弁本舗

吉野家の牛丼を
そのまま弁当に詰めたら、
「今日の弁当、
吉野家みたいだった」って
言われたのは笑った。

濱口優（お笑い芸人／よゐこ）

これは笑いますね！ 子供さんが一度蓋を開けてすぐ閉めてるのが目に浮かびます！ そんで箸の「吉野家」を見て納得して、もう一度開けたのでしょう！ まさに振り幅と緩急。笑いをスパルタで教えてくれるお弁当ですね！

ホリエアツシ
（ミュージシャン／STRAIGHTENER）

😂（笑）。吉野家まで行く足労を省くなら、吉野家の「牛丼の具」は冷凍パウチで通販してますよね。

いつまで俺は“パパ”なのか問題

俺の誕生日の日に、
長男がペンをプレゼントしてくれた。
俺は誕生日すら覚えていなかったから、
すごく驚いたよ。
だって、俺はオヤジに
何かあげたことなんてなかったからね。
添えてあった手紙には、
「パパ、お弁当作ってくれてありがとう」って
メッセージがあって、嬉しかった。
小5にもなって「パパ」かよって思ったけどね。
ちなみに俺は、小1で「パパ」から「お父さん」に呼びかえて、
小6で「オヤジ」って呼び始めたのを覚えてる。
そう考えると、
長男から「オヤジ」と呼ばれる日は近いのかも。
でも、いざそう呼ばれたら、
くすぐったくてどんな顔をしていいかわからない。

長男のひとりごと…

笑いあり涙ありの鬼弁を
長男はどう食べていたのか。
鬼弁を逆の視点から語ります。

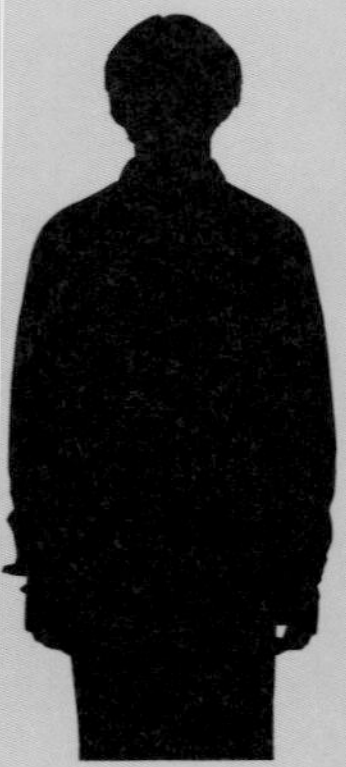

P070

開くまで何が入っているかわからない

6年間の中に“普通じゃない弁当”はたくさんあったけど、弁当箱を開けてビックリしたのは低学年の頃まで。周りがどんなにビックリする弁当が入っていても、中学年以降は慣れてしまって驚かなくなった。他の友だちの弁当は毎日同じおかずだったこともあったけど、お父さんの弁当は毎日変化だらけで面白かったかな。よく弁当を作る前日に「なんのお弁当が食べたい?」と聞かれるけどなかなか決められずに「なんでもいい」って答える時が多かった。だから次の日の弁当箱を開くまで何が入っているかわからなくて、そういう楽しみやわくわくはあった。

P010

無茶振りをしても朝には弁当になってる

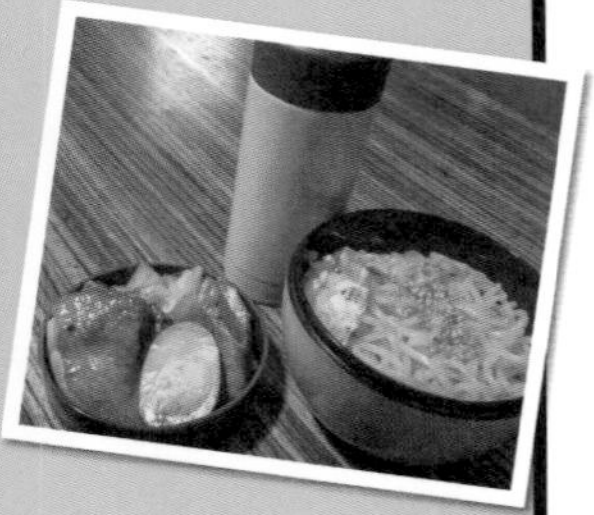

食べたいものをリクエストすると、それがつけめんだったとしても絶対にお弁当に入っていた。無茶振りをしてもそれが朝には弁当になってるんだから、すごいなと思ってた。家に帰ってくると夜ご飯を食べてる時に「今日の弁当には何が入っていたでしょう?」といきなり言われることもよくあった。弁当の中身を覚えているかチェックがあって、高学年からは毎回聞かれてた気もする。

P064

冗談半分で言ったら1週間連続タコライス

弁当で印象に残っているのはタコライス。沖縄土産で食べた時に「これなら毎日でも食べられる」って冗談半分で言ったら、本当に1週間連続でタコライスがお弁当になって。全部食べきったけど、「毎日食べられる」っていうのは美味しさを表現したつもりで、リクエストじゃなかったんけだけどなぁ…（笑）。

P045

時間はかかったけど完食

食べるので大変だった記憶があるのは恵方巻弁当。学校に行く前にその年の方角と食べる時のルールを細かく教えてもらって、いざ給食の時に食べようとしたらものすごく大きくて。そうしたら先生に「そんなに大変だったら決まり通りに食べなくていいよ」って言われたけど、食べるからにはそのまま食べきりたくて時間はかかったけど完食した。先生に話しかけられた時もしゃべれないから無視してるみたいになって、それも良い思い出かなと思ってる（笑）。

P092

大丈夫かと聞いてきたのは唯一これだけ

「本当にこれでいいの!?」って何度も聞かれたのがパンダのキャラ弁。棚の奥に低学年の時に使うつもりだったキャラ弁用の型抜きが出てきて、「これでキャラ弁作ろうと思うけどいい？」って聞かれたから「別に気にしないよ。1回ぐらい使えば」って答えた。そしたら「え?5年生だけどキャラ弁でも大丈夫？恥ずかしくないの？」ってさらに聞かれて……。もっと見た目のインパクトがあるお弁当はたくさんあったのに、あんなに大丈夫かと聞いてきたのは唯一これだけ。

P028

弁当の中身がネタバレ

保育園の頃からお父さんの打ち上げによく行っていた。だから飲み屋の詰め合わせ弁当の時は、次の日の弁当のおかずを店員さんから直接もらうのを見ることもあって。そういう日は「明日はたこウィンナーとやきそばか～」と弁当の中身がネタバレしてて。飲み屋のご飯も美味しいから楽しみだったな。

P025

仕返しなことにも全然気づかなかった

全部真っ黄色弁当は、弁当をよく残してきた自分への仕返しでやったと聞いたけど、正直何も記憶に残ってない(笑)。果物がお弁当に入っているのは友だちにもよくあったし、うちにはバナナ専用の果物入れもあったから。驚きもしなかったし、弁当の中に入ってるものが全部黄色なことが仕返しなことにも全然気づかなかった。

P012

結局学校では開けられなかった

1年生の乾パン弁当は、缶切りの使い方と開け方を教えてもらってから登校した。瓶のフタを開けることはあったけど缶を開けたことはなかったから、結局学校では開けられなかった。先生から「缶切りは危ないから学校には持ってこないで」と怒られたけど、「そこまで怒ることかな?」って思ったな。あと1年生の登校初日から電車通学を一人で行ったりしたけど、それはお父さんの提案。入学前に何回か一緒に練習して、そこから一人で行くようになった。お母さんは「いきなり最初から一人だと危ないよ」って言って心配してたから、お父さんとお母さんはタイプが結構違うと思う。お父さんは“とりあえずやってみな”っていう育て方。でも本当にダメな食べ物もあって…。ホタテは特に嫌いだったから「ほらやっぱりダメだったじゃん!」って怒った記憶がある。

食べた本人が勝手に表彰！

6年間鬼弁を食べ続けてきた長男が、記憶に残るお弁当を表彰。珍弁当から舌がとろけるおいしい弁当まで、果たしてどの弁当が選ばれたのでしょうか!?

ビックリしたで賞

大賞

吉野家牛丼弁当

次点

乾パン弁当

次点

ホットドッグ弁当

長男コメント

お父さんと吉野家へ行った翌日に、家で食べられる冷凍食品がそのまま入ってたから思わず笑ってしまった。しかも、いつもの箸じゃなくて吉野家の割り箸、持ち帰りの牛丼を完全再現したんだな。

美味しかったで賞

ガーリックライス弁当

角煮丼

焼きそば弁当

長男コメント

焼きそばは6年間を通して色んな種類が入っていて、どれも美味しかった記憶がある。お父さんがツアーに行った時に各地のご当地焼きそばを買ってきてくれて、焼きそばだけど、ご当地で色んな味があるから食べるのが楽しみだった。

食べるのが大変だったで賞

恵方巻弁当

黒コーデおはぎ弁当

皿うどん弁当

長男コメント

皿うどんは硬い麺が喉に刺さったり、途中から油がすごくて全然食べられなかった…。高学年で残したお弁当はこれだけかも。食べたあとも胃もたれみたいになって、気持ち悪くて昼休み遊べなかった気がする。

食べやすかったで賞

そうめん弁当

ステーキ弁当

タコライス弁当

長男コメント

タコライスは大好きで食べやすかったから、だいたい2分で食べ終わった。だからタコライスの時は昼休みを長く遊べて嬉しかったな。おいしいし、友だちともたくさん遊べるしで良いことだらけのお弁当！

よく入っていたおかずで賞

ミートボール弁当

マカロニパスタ弁当

餃子弁当

長男コメント

低学年の頃はよく弁当を残していたんだけど、お父さんがこだわって作ったどんなお弁当よりもミートボールが入ってると嬉しかった。それをわかってなのか、ミートボールはかなりの頻度で入ってたと思う。ちょっと悪いことをしちゃったかな。

鬼弁のいろは

飾り切り入門

卵やトマトなど丸いもんは
中心に包丁の先端で
交互に差し込んでいくだけで
飾り切りができる。
慣れたら時間もかからないし、
見た目もいいから活用してた。
器のような形になるから、
トマトにカッテージチーズなどを入れると、
技ありにみえる。
エンドウ豆もそのまま入れるより、
皮を片方はいだほうが
見栄えがよくなるんだよ。
食べやすいだろうしね。

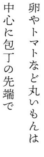

2017年4月
～2018年3月

長男：小学6年生

大人に近づいて、お弁当の量も増えてきた6年生。

こうやって振り返ってみると、やっぱり料理って作ってもらう方がおいしい。でも、俺が作った弁当がまずくても、こうやって毎日弁当を通してコミュニケーションをした思い出があればいいと思うんだよ。いずれ息子たちは家を出ていって、俺はその時に生きているかわからないけど、自分たちが親になったときに“そういえば、親父が弁当作ってくれてたな”ってわかってもらえてたらいい。それに、弁当を作ってあげるって、相手がいないとできないこと。自分のために作ってもいいけど、それだけだったら、こんなに工夫もしなければ、続きもしないと思う。長男は中学生になっても弁当だから、まだまだこの関係は続く。いつか終わる日はくるから、その日までつづけようと思ってる。

2017.4.21

讃岐うどん vs 弁当

“うどん弁当”

#鬼弁本舗 #小6 #5歳 #ツアー戴天 #福井響のホール #富山mairo
#松本soundhallac #長田in香の香

ナヲ（ミュージシャン／マキシマム ザ ホルモン）

つけ麺弁当もかなり度肝抜かれましたが、うどん弁当も凄い！（笑）。そして「前ノリなんて羨ましくねぇぞ」「当日ノリ打ち朝イチ帰り上等」が同じ子育てバンドマンとしてわかりみが深すぎる…。

前ノリなんて羨ましくねえぞ。
当日ノリ打ち朝イチ帰り上等。
全国ツアーvs子育てって考えてたけど、
朝6時30分に子供らと過ごして
夜18時30分は遠くの街で歌えるって、
1日を長く日本を広く使ってとても豊かなのよねって、
ツアー&子育てってなってきたよ。
完璧を望まなければ、
対立じゃなくて両立ってのが見えてくんのね。
けど本当に出来んのか?って、
ハッパかける勝負も好きよ。
そんな思いを込めて讃岐うどんvs弁当。
試合結果は火曜に聞かせて。
うどんもパスタと一緒で、よく洗えばくっつかないし、伸びない。
スープと薬味だけ別で持たせれば、
ぶっかけうどんのように食べられるからすごく便利。

山嵜廣和（ミュージシャン／toe）

う、うん。讃岐感だしてきたね。急に。うどんがくっついちゃって食べにくいから、食べる前に水道水でジャージャーほぐして召し上れ。次回は箸と一緒にザルもつけてあげたい！

KO（ミュージシャン／SLANG）

これはビックリでしたね。“あり得ない！”と思ったけど、本人から食べる時の工夫の話を聞いて納得でした。これは大人になってから子供もネタに出来るし最高。

弁当を作ることでわかったこと

親子間の変化って、目に見えるものではないもの。
自分が親にならなきゃ、親の気持ちなんてわからないし、
毎日両親にありがとうございますって
感謝を伝える子供も気持ち悪い。
自分が父親になったときに、子供に弁当を作って、
〝親父もこんな気持ちだったのかな〟っていう
実例をひとつやれたのはすごく俺にとっては
意味のあることだったと思う。
ただ、弁当を作らなくなったら
親子の関係がなくなるわけでもないし、
長男が中学生になったら、
俺がバンドを始めた年齢になっているわけだからね。
きっと、今とは違う関わり方になってくると思う。
自分の子供とはいえ、違う人間。
同じ人を愛するわけじゃないし、
同じものを好きになるわけでもないからね。

子供って、生まれてきたことがそれだけでどれだけ幸せなのか
ということを、親が伝えられるかが大事だと思う。
言葉で伝えられたら一番簡単だけど、なかなか難しい。
一番ダメなのが、自分が愛されていないと思って生きていること。
大人になって、過度に愛情を求めたり、
満たされないものを求めて道を逸れてしまうことも。
俺、ポジティブって言葉は好きじゃないけど、
どうにかしなくちゃいけないなら、なんとかする、
なんとかできるという肯定力は絶対に必要だと思ってる。
自分で自分の背中を押す力さえあれば、
なんとかできると思えるようになるからね。
失敗がキライな人や、石橋を叩きすぎる人は、新しいことを選ばない。
それだと、自分の可能性を狭めてしまうし、
いい結果は生まれないと思う。
それよりも、とりあえずやってみると思う子供になれるような
手伝いはしてあげたい。

2017.5.15

主力選手になる、と確信したマカロニ

“マカロニパスタ弁当”

#鬼弁本舗 #小6 #アコチル #八幡湯

SUGA（ミュージシャン／dustbox）

美味しそうだな～！ 伸びないパスタと聞いて、それが子供の弁当の主力選手になるだろうと思った、その気持ちだけで胸がいっぱい。

矢部慎太郎（器のお店「ギャラリー帝」オーナー、BARラウンジ「サロン・ド 慎太郎」マダム）

サラダ弁当みたいで美味しそうね。鬼弁はとにかく彩りが素敵だから、早く食べたくなっちゃうと思う。こんなお弁当が毎日あったら、わたしもグレずに育ってたかもしれないわ（笑）。

御殿場からお疲れ様で、
3日ぶりの風呂はワガママ聞いてもらって、
銭湯行こうぜって男3人カランコロン。
現場と称して子供ら連れて
ライブ行ったりキャンプしたりいろいろしてっけど、
長男が助手席で帰りの渋滞で眠くならんように、
ずっと話しかけてくれてる。
面倒みるふりして面倒みられてんだな。
これからもよろしく。

このマカロニパスタは、
イタリアにツアーをしに行ったときに、
現地の人に伸びないパスタを教えてもらってから、
〝これは主力選手になる〟と確信。
基本的に白飯を入れたいけど、
子供って白飯を食べたくないという日もあるからね。

渡辺俊美（ミュージシャン／TOKYO No.1 SOUL SET、THE ZOOT16）

もはや、銀座のOLが食べる弁当。長男はすでに“仕事”をしている。いいマネージャーになるね！
親が一生懸命やっている姿を子供に見せるのが最強の教育！

2017.12.19

クリスマス弁当は難しい

“クリスマス弁当”

#鬼弁本舗 #5歳 #ばら組 #小6 #こっそりいろいろ捨てたい

大詰めの大掃除。
大断捨離大会は
丸ごと捨てたいぜ！
ってなってる俺と、
想い出を丸ごと残しておきたい！
って子供達との壮絶なバトル。
明日の夜までに終わらせないと、
サンタさん入って来られないよ〜。
一時休戦で、
夕方から夕食持参の
保育園クリスマス会に
3人で出かけて行ったけど、
クリスマスと弁当って
なんか似合わんよね。
こんなんでいいのかしら？
楽しんで〜。

澤田健壱
（カレー料理店／Curry&Spice青い鳥）
このクリスマス弁当で冷蔵庫の中は断捨離成功ですね！？

片平里菜（ミュージシャン）
ショートパスタとクリスマスリース！そしてピースマークもちゃんと！

2017.12.20

今日はいらなかった

#鬼弁本舗 #小6 #11時下校 #終業式

なんだよー、
今日いらないんじゃん。
昨日言っとけよー。

田原104洋
(アパレルブランド／Mobstyles、ランニングステーション／&MOSH)

空の弁当箱って、、、おーい(笑)! 空になる前は手の込んだ美味しそうな、いや美味しい物がギュッと詰まってたんだろうなー!

TAKUMA(ミュージシャン／10-FEET)

終業式か!? トシロウお勤めご苦労さんやな。息子が今のトシロウの歳になったぐらいにこの本を読んでくれたらいいね。是非とも引き続きお弁当制の学校に進学して頂きたい。

長男の卒業

2018.3.16

#卒業式 #パパは謝恩会で歌わされるんですって #何歌えばいいんだろ

小学生の長男の背中を見送る
最後の朝になりました。
ヨタヨタデレデレ歩いてて
これからひとりで登校できんのか?
ってなってた6年前の朝。
そんな思い出の
余韻が感じられないほど、
さっさと歩いて行っちゃいました。
ほんと あっという間だね。
いってらっしゃい。

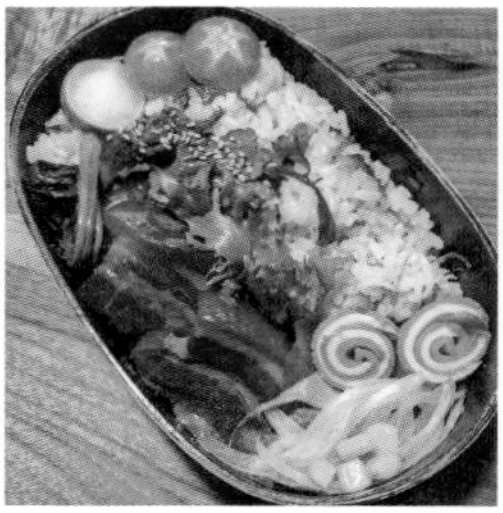

世界は、
決意で

鬼弁のいろは

ななめに詰める

弁当を作る時に唯一こだわっているのが、
ななめに入れるということ。
そうすると立体的に見えて、
仕切りも必要ないし、美味しそうに見える。
ご飯自体もななめに入れて、
汁っぽいものはご飯の上部において、
他のおかずに味が混ざらないようにする。
そして下部に揚げ物や
普通の汁気のないものを入れて分けてる。
ただ、最低限気にしているだけだから、
いざ開けたときにどんな形になっているかは、
見たことがないんだけど。

2018年4月
～2020年4月

長男：中学生

長男が中学生になった。

最初は学食でいいと言っていたし、俺もむしろ学食のほうが食べたいだろうと思っていたから、あまり弁当を作ることはないと思っていて。でも、いざ学校生活が始まってみると、結構な頻度で「明日は弁当がいい」と言われて驚いた。正直、弁当を作るのはめんどくさいけど、作り始めたら自然とそのモードになってくるし、弁当は長男とのコミュニケーションツールだと思っているから、どちらかというと嬉しい気持ちが強いかな。学食ではラーメンばかり食べているみたいだから、飽きるんだろうね。それもあって、たまに「弁当」と言われたときは、ちゃんと作るようにしてる。

中学生になって変わったのは、弁当の量を聞くようになったこと。足りないのはかわいそうだしね。本当は好きなメニューを入れてやりたいんだけど、どんなものを入れても全部食べてくるし、感想も“美味しかった”くらいしか言わないから、何が好きかわからない。ほかの人がどんな弁当を作っているかも知らないし、何が好きかと聞いても「全部好き」って言うから、あいつにとっての正解の弁当は今でもわからない。

2018.5.11

ラクで美味い
最高の黒焼きそば

“上州黒ソース焼きそば大盛”

#鬼弁本舗 #中1 #伊賀のカバ丸 #上州黒ソース焼きそば大盛
#brahman #tour梵匿 #高崎 #日帰り

宮川大輔（お笑い芸人）

焼きそば弁当って中学の時、お母さんが寝坊して急いで作ってくれたみたいなちょっと恥ずかしい感じもあった様に覚えてますが、これは次元が違う！『おやじ！焼きそばにしてくれって感じ。絶対大盛やで！』。最高の弁当！

おかずは？
果物は？
「いらない…」
そうね、中学生になったら
シンプルな方が男の忍者だ。
New Acoustic Campの関係で群馬に行った帰りは、
必ずこの黒ソース焼きそばを買ってきて、
翌日のお弁当に入れていた。
弁当を作るようになってから、
サービスエリアやお土産屋さんに行くときは、
完全に弁当を中心に選ぶようになった。
「これはおかずにいいな」
「これ入れたらビックリするかも」って考える俺は、
もう完全に飲み屋の主人目線だな。
いってらっしゃい。

高山都（モデル・女優）

潔さが、ロックスターの極み。焼きそばに白米は許せないけど、焼きそばオンリーは個人的に嬉しい。

綾小路翔（ミュージシャン／氣志團）

BOØWYも食べたに違いないやーつ。BUCK-TICKもROGUEも食べたに違いないやーつ。更には麻美ゆまちゃんも食べてたはず。群馬を知ってるか知らないかで結構人生違う。

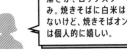

2018.6.7

残り物を詰めただけの弁当が1番好きってどういうことだ!?

" 餃子弁当 "

#鬼弁本舗 #中1 #6歳 #tour梵匿 #32本目 #hevensrockさいたま新都心

芦沢ムネト（お笑い芸人／パップコーン）

残り物と感じさせないのは、やはり具材の並べ方！ 羽付き餃子でも綺麗に並べるんでしょうね(笑)。

濱口優（お笑い芸人／よゐこ）

匂いも気になる年頃ですが、旨さだけを追求した餃子弁当。男の中の男の弁当ですね。

そりゃツアー中で起きんのはダルいし眠いけど、
朝飯だ！早くしろーってなるけど、
突然7時30分に行くって急かすチビに
ちょっと待ってー！ってなるけど、
一緒に過ごす何気ない喜びを
子供からもらってるって思ったら、
もっとこっちから機嫌よく
話せば良かったなぁと小さな後悔。
新聞のその子は覚えたてのひらがなで、
子供っぽい愛らしい文章書いて
たくさん褒めてほしかっただろうね…。
苦しいわ。
夜に作った餃子の余りをそのまま入れただけだけど、
評判はいいみたい。
それなら、今度は羽根つきの餃子を
そのまま円形で入れてやろうかな。
いってらっしゃい。

KOUICHI（ミュージシャン／10-FEET）

普通の餃子じゃなくて羽根付きってのが子供の好奇心をしっかりくすぐっている。なので今度は羽根付きウィンナーを挑戦してほしいです。

2018.6.20

嫌いな魚はみりん干しにしてやる

"みりん干し弁当"

#鬼弁本舗 #中1 #新木場studiocoast #brahman #monoeyes #二次被害

綾小路翔（ミュージシャン／氣志團）

TOSHI-LOWさんに反抗できるご子息をリスペクト。あの鬼をシカト。その世代が日本を救うはず。

言う事ゼンゼン聞かねえし、
朝からダラダラして出てくのおせ〜。
ああ神様、わたくし来世では
シブシブ真面目な学生生活を送るので、
これ以上の因果応報をおやめください。
さらに、
せめて地盤のゆるんでる地域での
ザンザン降りの雨を止ませてください。
心配も反省も尽きない朝ですが、
本日のライブはガチのガチガチのガチンコで悔いなく。
魚があまり好きじゃないみたいだけど、
みりん干しなら食べるかなと思って入れてみた。
いってらっしゃい。

たなしん
（ミュージシャン／グッドモーニングアメリカ）
美しさと深い愛情…。

LOW IQ 01（ミュージシャン）
渋い！ このみりん干し弁当で大人の階段のぼる！

2018.6.26

炊き込みご飯を作りたい俺 vs 好きじゃない息子 ＝トウモロコシご飯

“とうもろこしご飯弁当”

#鬼弁本舗 #中1 #ルナフェス #brahman #tour梵匿 #石巻ブルーレジスタンス #うじきつよし #内田勘太郎 #三陸から台湾 #けっこう過酷ね #とうもろこしご飯

高山都（モデル・女優）

夏といえばの美味しい風物詩！ と言ってもおかしくない。芯を入れると、なんであんなに甘さが引き立つんでしょうね。炊き込みご飯のマイベストスリーに入るぐらい好きなので、羨ましいです(笑)。

子どもたちはあまり炊き込みご飯を好きじゃないけど、
俺はラクだからやりたいんだよね。
その折衷案がこのトウモロコシご飯。
トウモロコシの粒を取って、芯もいれて炊き込むと旨味が出て美味しい。
ダシをちょっと入れるだけでこれなら子供も食べてくれるんだよね。
まぁ、俺も小さな頃は炊き込みご飯が嫌いだったから、
これも文句は言えねぇ。
昨々夜の異次元で妖艶な世界から、今日は三陸のライブハウスへ。
ほれ起きろ、ほれ早よ食え、ほれ早く着替えろ、ほれ早よ出ろって時、
「結婚記念日と父の日のプレゼント」
唐突に2ヵ月前の記念日と先週の父の日がやってきた。
ママとおそろのペンですって
父の日なんてウチにはないものと思ってたよ。
ありがたく使うわ。
誰かを想う気持ち、喜びが共有できる子に育ってくれたのは、すごく嬉しい。
いってらっしゃい。

高野寛（ミュージシャン）
ええ話や

井浦新（俳優／ELNEST CREATIVE ACTIVITY）
ずっと思ってたけど、豆の使い方いつも秀逸。

2018.7.5

万能ラディッシュ、登場

“スコッチエッグ弁当”

#鬼弁本舗 #中1 #OAU #toysfactory
#アコースティック不法集会 #ishiya

ラディッシュの飾り切りをしたら、
思いのほかかわいくて驚いた。
この日からヘビロテしてる。
ちなみに梅干しの横にあるのが
ソーセージの頭。
食べ物は無駄にしない！
弁当作って、時間過ぎてんぞ、
早よ行けって追い出して、
ふと足元見たら、
ん…青い小さいカバンがある……!?
アッ！弁当忘れやがったー!!!
寝巻のまま自転車全速力で
駅まで待て待て〜って追いかける。
例のアレやらせて頂きました…。
いってらっしゃい。

武田航平（俳優／TOSHI-LOWファン）

まさか爆走した鬼の形相のTOSHI-LOW（通称鬼）さんがラディッシュの飾り切りをし、スコッチエッグ弁当を持って愛する息子の元へむかってるとは、見かけた人は思わないでしょう。ごちそうさまでした。

郡司麻里子（雑誌「クロワッサン」編集長）

ラディッシュにえのきに、右下はみょうが？ 野菜たっぷりのお弁当をきちんと食べる息子さんも尊敬、スコッチエッグを自作する鬼はもっと尊敬！（スコッチエッグなんて、作ろうと思ったことすらないですよ〜〜）

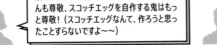

2018.11.29

めんどくせぇから 煮物は角を取らない！

“肉の甘辛煮と煮物弁当”

#鬼弁本舗 #中1 #犬神家の一族 #ずっと眠い

5時半に起きてたチビ、
6時台に撮影に出てったママ、
7時過ぎに出てったアニ、
8時に保育園行かせて、
9時にボイトレ行って、
10時半から本家タイマーズリハで、
12時からOAUリハで、
16時にチビがスイミングで、
20時から柔術行ければって感じで、
あ〜1日が終了（早）。
この煮物はキレイに切っているから
りょうさんの料理だね。
肉を甘辛く煮たおかずと煮物だと
茶色っぽくなるから、
弁当界の赤いバラ、
ラディッシュを入れてやった。
いってらっしゃい。

善し（お笑い芸人／COWCOW）

子どもの時に聴いたパタパタママの歌思い出したわ！！『バタバタ鬼』の歌をOAUで作ってください。

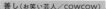

2019.1.18

弁当にルールはゼロ! 開けてビックリトルティーヤ

"トルティーヤ弁当"

#鬼弁本舗 #中1 #りょう #46歳 #トルティーヤ弁当 #チリコンカン
#オクラとナスのひき肉カレー #おめでとうございます

前日に食べたのを
おいしいから明日も入れてって、
お願いされたのが
このトルティーヤ弁当。
こういうのを弁当で持っていくなんて、
なかなか聞いたことないよな。
メキシコの弁当って
こんな感じかしら。
昨日の誕生会の余りを
巻き巻きして食いやがれ。
いってらっしゃい。

芦沢ムネト(お笑い芸人/パップコーン)

何が素晴らしいかって、弁当を通して会話してるとこ! にしても、トルティーヤを頼む子供も凄いし、その謎の喧嘩? を買う親も凄いす。

LOW IQ 01(ミュージシャン)

メキシコ メキシコ~ トルティーヤはテンション上がる!

2019.1.31

大人の事情で炊き込みご飯

"れんこんのベーコン挟み弁当"

ネット犯罪から子供を守る方法　～SNSについて～

#鬼弁本舗 #中1 #戦前

レンコンにベーコンを挟んだ
おかずと炊き込み弁当。
これはもう、問答無用で
大人になった俺が好きな
炊き込みご飯を、
子供の頃に嫌いだった
自我の念を込めて入れてやった。
朝、テーブルにちょんと
中学の総合学習の紙が。
今どきの中学生って
難しい勉強をしてるのね。
30年前の今頃は、
水戸の街中を歩くために
カツアゲから身を守る方法を
ヤンマガとチャンピオンから
学ぶ高度な総合学習をしてたなぁ。
いってらっしゃい。

武田航平（俳優／TOSHI-LOWファン）

総合学習…所謂、総合格闘技に通ずるモノであることはTOSHI-LOW（通称鬼）さんの大ファンのぼくや、ここに集まる皆様なら容易に想像出来たはず。そして、このお弁当からも感じる…手の込んだ優しさと栄養たっぷりなレンコンの挟み焼き、そして、フィニッシュブローの如く『おれの好きな炊き込みごはんをいれてやった』。まさに食の総合学習…いや総合格闘技。この弁当…水戸の路上の系譜弁当！ごちそうさまでした。

井浦新
（俳優／ELNEST CREATIVE ACTIVITY）

ネット犯罪から子供を守る方法に、弁当コミュニケーションが追加されました。

2019.2.13

我ながらいい色合い

" 鶏肉の炭火焼き弁当 "

#中1 #鬼弁本舗 #場合により #没収あり

郡司麻里子(雑誌「クロワッサン」編集長)

おかずからごはんの上まで、おしゃれケータリング弁当並み、いやそれ以上? に使用食材が多い…! 贅沢☆

LOW IQ 01(ミュージシャン)

鶏肉焼きでなく、鶏肉の炭火焼ってところがニクいね～! 宮崎のやつかな?

課せられた非常に厳しい条件。
部屋を片づける、遅刻しない、
洗濯物を廊下に置いておかない、
返事する…などなど。危ない場面もありながら
最終的には見事にクリアし、
iPhone XR MAXを手に入れた勇者が、
いつもより早めにさっそうと旅立って行きました。
無理に持たせないようにしても、
時代に適応できなくなるしね。
今日は鶏の炭火焼きに、芽キャベツ、
パプリカと色合いは大事に。
いってらっしゃい。

三吉ツカサ（カメラマン／Showcase）

「インスタ映えしないうまいもの」代表の鶏の炭焼き。高松のあの名店で炭焼きの写真撮るといっつも残飯みたく写るけど、お弁当だとおいしそう。#ツアーに出たい

2019.2.14

炊き込みご飯は嫌いなのに なぜチャーハンは好きなのか問題

" 焼き鮭とチャーハン弁当 "

#鬼弁本舗 #中1 #overgroundacousticunderground #OAU #recording
#歌入れ #歌えんのか #歌え

武田航平（俳優／TOSHI-LOWファン）

和風弁当の焼鮭をメインに置いたストレートな和風弁当と思いきやトリッキーな野菜たち…これはわかりやすくまっすぐな歌詞とみせかけた、また難解な言葉達とみせかけた親父の子供に対する愛情たっぷりの彩り豊かなお弁当です。結果まっすぐな愛…TOSHI-LOW（通称鬼）さんの心があらわれてるなぁと、グッときました。ごちそうさまでした。

湯水のように出てくるから、
なんて昔はのぼせた事を言ってた結果
今は超難産な歌詞作り。
同じ事言ってない？とか、この間のと同じ言いまわしじゃない？とか、
言いたいことを捨ててメロディーに逃げてんな~とか、
言いたいこととわけわかんなくなってリズムに逃げてんな~とか、
そんなこんなを繰り返し、難しい事を難しくではなく、
子供でもわかるようなシンプルで簡単な言葉で
大事な事を伝えるっていう複雑で簡素を作る？ 難解さで明解を作る？
みたいな、そんなこんなな夜を繰り返し繰り返し、
納得いく歌詞が３つ書けた。
って満足してる場合じゃないよ。こっからがそれを歌うっていう本番じゃん…。
本日は炊き込みご飯とみせかけて、これはチャーハン。
この山芋を切って焼いたのが一番美味しいんだよ。
ラディッシュはちゃんと赤の主力選手として働いてくれてるね。
いってらっしゃい。

宮川大輔（お笑い芸人）

これはチャーハンじゃなくて白飯なら、まぁ普通のお弁当！ チャーハンというのが流石！ 彩りも良くて山芋食べた時のネバネバ想像したら言うてまうやろなぁ。うま~いって！

たなしん（ミュージシャン／グッドモーニングアメリカ）

歌詞の追求と鬼弁づくり、リンクしてるのはシンプルさとこだわり。

2019.3.6

蘇ったウインナー星人

“久しぶりのウインナー星人弁当”

#鬼弁本舗 #中1 #6歳 #上野動物園 #OAU #BRAHMAN

次男が保育園最後の遠足なんで、
久しぶりに2つ。
長男低学年時によく作ってた
ウインナー星人作ったら、
ゴマで目を入れる細かい作業が
ムッチャ辛い。
間違いなく老いだわ。
なんかウインナー星人も老化した気が。
まあ三十代後半と、
四十代中盤じゃだいぶ違うか。
なんて朝10時からレコーディング。
いってらっしゃい。

KOUICHI（ミュージシャン／10-FEET）

羽根付き餃子を使ってる時と同じように、次はやっぱりウィンナーの皮を薄く剥いで羽根付きウィンナーにするべき。てかして欲しい。

2019.6.13

色合い良しのビビンバ弁当

“ソーセージ・ビビンバ弁当”

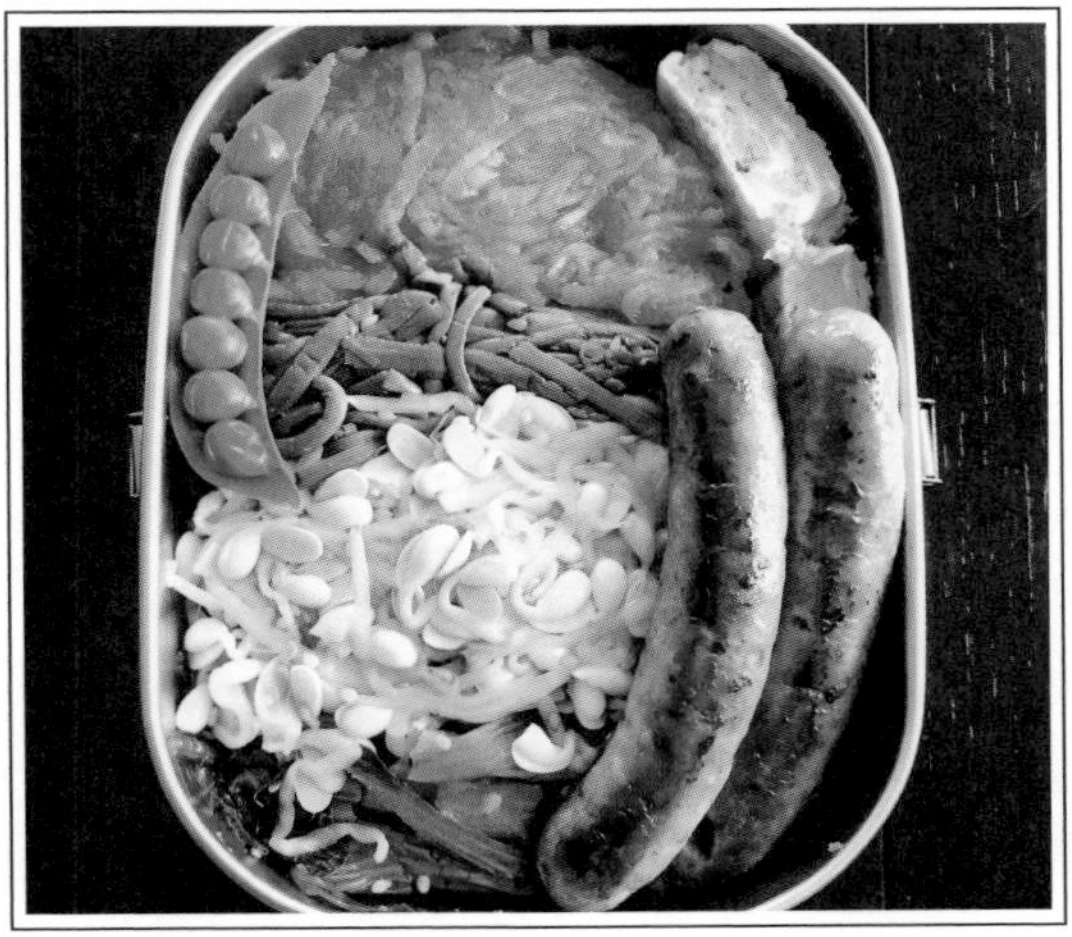

#鬼弁本舗 #中2 #小1 #台湾 #brahman #もうすぐ出発

結局、昨日も熱あって三連休した次男。
本日朝食時、
完全に下がった体温をみて。
次男「でもダルいかもなぁ」。
そう…大人になったら毎日ソレ。
気持ちは分かっけど着替えて～。
長男「学食でいいけど弁当がいいかな」。
そう…なんも用意なし。
冷蔵庫にあるもの詰め込みで～
朝から慌しいけど、
嫌な感じじゃないよ、このバタバタ。
前の日にナムルを作ったから、
ぴっちり詰めてやった。
3色弁当みたいな感覚で食べやすいしね。
自分の準備、全くしてないけどな…。
いってらっしゃい。

郡司麻里子（雑誌「クロワッサン」編集長）

タイミングよくナムルを作り置きしているのが流石。そして左上の豆をきれいに開いて添える知恵が、弁当のプロならではですね！

三吉ツカサ（カメラマン／Showcase）

豆もやし増量希望。にんじん減量希望です。　#好き嫌い　#韓国公演希望

2020.1.20

これは、失敗作（キッパリ）

“おにぎり弁当”

#鬼弁本舗 #中2 #弁当再開か #食べ盛りに
#弁当箱小さいか #二日酔いか

明け方帰りの朝当番。
軽い気持ちで持ってくって聞いたら、
持ってくって言うから、
慌てて作ったら入りきらなかったわ。
弁当のフタがしめてあって、
さらに接写ということは、答えはひとつ。
完全にネガティブな意味（笑）。
おかずを作りすぎて上手く入らなくて、
逃げた感じになった。
こういうことも、たまに、ある。
まあ至らないとこ、
痛いとこのツッコミ合いじゃない、
お手柔らかさ共存で
今年もよろしくお願いします。
（おにぎりが完全にお供え物みたいだな）
いってらっしゃい。

善し（お笑い芸人／COWCOW）

これはこれで絶対嬉しいやろうなあ。おにぎりの“別海苔”の所がいいね。

2020.1.28

ソースをかければ**全部**が**絶品**

“野菜の肉巻き揚げ弁当”

#鬼弁本舗 #中2 #BGM #メシ喰え #GAUZE

昨日の晩飯作りから、
今まであんまり家でしなかった
油物にハマって、
朝から揚げんの楽しいわ～。
この時ははさみ揚げに凝ってて、
豚肉とネギを挟んで揚げた。
揚げ物って、
最後にソースをかけるから
絶対に美味いんだよ。
俺のオススメはカゴメ。
ちょっと甘めだから、
舐めてお酒を飲んでることもある。
って、コレ全部入んねーぞ。
初の2段にしたけど、
さすがに多すぎたか。
いってらっしゃい。

綾小路翔（ミュージシャン／氣志團）

カゴメが株主を何より大事にする姿勢。これロックバンドとファンの関係に似てる。ケチャップもソースもパンクロックも、人をもう少しだけ幸せにしたいっていうお節介が生んだものだと思ってる。…とか、適当な事をそれらしく言ってみました。そんな事よりも、このお弁当マジ美味しそう。

郡司麻里子（雑誌「クロワッサン」編集長）

揚げ物の中でも、素揚げ、天ぷら、よりさらにハードルが高いのがフライだと思うんです。ましてやネギを切って肉でくるくると巻いて、粉・卵・パン粉をつけて揚げる…を朝にするなんて！芯に巻いてあるのは愛情に違いない。息子さんへの、そして弁当というものへの深い愛情。

揚げ物は癒し

揚げ物は、無心になれる。
煮込み料理などは、火から目を離して他のことができるけど、
揚げ物だけは、集中して油を見なくてはならない。
その瞬間が、俺にとっては癒しだと思い始めたんだよね。
揚がると音が軽くなって、箸にもその油の震えが伝わってくるから、
集中するのにすごくいいんだよ。
肉屋の友だちは、仕事に疲れるとずっとコロッケを揚げてるって
言っていた意味がすごくわかった。
もちろん、後片付けは大変。
でも、揚げているときの癒しの感覚の方が勝つんだよね。
しかも、そこで使った油がもったいないから、
必然的に次の日のメニューも揚げ物になる。
そうなると、永遠と揚げ物が続くんだよ。
そんな日々を送っていくうちに、より揚げ物にハマってしまった。
それに、どんな食材でも、揚げればなんでも美味しく食べられるのがいい。
キレイに揚げられると嬉しいしね。
音、振動、目など、五感をフルに使う揚げ物は、一種の修行に近いのかも。

2020.2.17

巻物は簡単で映える優秀メニュー

“太巻き寿司弁当”

#鬼弁本舗 #中2男子 #偽義経冥界歌 #劇団新感線
#東京公演 #博多公演 #面白いので #ぜひ #4月末まで #主夫

おかげさまで、
OAUのツアーが終わりまして。
あらホールも楽しいわ〜、
しばらく余韻に浸って〜、
って訳にもいかず。
家庭内興行の入れ替えで、
こちらの最終日にあちらの初日。
冥界へ出稼ぎが始まってます。
今日はキンパにチヂミで韓国弁当。
巻物って覚えると
簡単だからよく作ってる。
いってらっしゃい。

芦沢ムネト（お笑い芸人／パップコーン）

この弁当見たら、前日に沢山の人の前でライブしてたなんて誰も信じないでしょ。

濱口優（お笑い芸人／よゐこ）

お友達とシェア出来そうなお弁当。周りの友達からの「一口くれ」が聞こえてきそうなお弁当です。クラスで人気出てるんでしょうね。

2020.2.27

コンビニの**総菜**は**全部美味**い!

" ご褒美ハンバーグ弁当 "

#鬼弁本舗 #中2 #長男 #小1 #次男 #かき揚げそば #あいさつしろ

高山都（モデル・女優）

どどーんって、開けたときの感動がひとしお。朝の挨拶ひとつで、その人の1日のご機嫌度数変わるのにね。元気なおはようが言える人にきっと悪い人はいないです(笑)。

8時前に次男と一緒に小学校行って、
登校する小学生にあいさつするPTAのお当番日。
大きな声でおはようございますの返答率が1割台で、
シャイな子たちだな~はいいんだけど、
送りに来てる親があいさつしないで無視ってのは、
おいコラ💢
オメーがあいさつ出来ねえから、
子供がこんなバカ顔なんだわ、
って心の声が清々しい朝に実音で口から漏れたよ。
寒かったので（心も）ご褒美注入。
美味そうなハンバーグはコンビニ調達。
最近は何買っても美味いからね、使わない手はないよ。
いってらっしゃい。

KOUICHI（ミュージシャン／10-FEET）

確かにコンビニの惣菜や弁当は本当に美味い。なのでサラダチキンを袋ごと弁当でもいけそうな気がします。てかやってほしい。

高野寛（ミュージシャン）

挨拶大事！ 全く同感！

2020.4.14

やれることは、できるだけやるという想いから生まれた弁当

" 幡ヶ谷再生大学弁当 "

#鬼弁本舗 #幡ヶ谷再生大学 #料理リレー #お弁当作り
#おうちで過ごそう #stayhome #stayhomecooking

新型コロナの影響で、
地域で活動している子たちが
ボランティアに
行けなくなってしまった。
使うはずの食材も余ってたので、
自分ができることは
なるべくやろうと、
その食材を使って、
#料理リレーという企画に
鬼弁の公式SNSで参加した。
翌日、どうせならと、
手元にある幡ヶ谷再生大学食材を
コンプリートした弁当を作りました。
いってらっしゃい。

善し（お笑い芸人／COWCOW）

『やれることはできるだけやるという想い』。TOSHI-LOWのこういうアイデアっていつも人を幸せにする。どっかの首相にも見習って欲しいね！！

たなしん
（ミュージシャン／グッドモーニングアメリカ）

「やれること、できることで最善をつくる美しさ」、究極の調和です。

自粛期間で思うこと

新型コロナウイルスの影響で自粛期間に突入し、
食材ロスも大きな問題になった。
でも、これを機に日本の食べ物を見直したり、
宅配でいろんなところの食材を食べてみたりするのも楽しいと思う。
ずっと動いていると、わからないこと、
気づかないことがすごく多い。
良いも悪いもわからなくなっちゃう。
〝正しい〟という文字は〝一度止まる〟と書くと
教わったことがあるんだけど、まさにそれを体感してる。
結局、必要なのはシンプルにすること、
居場所があって、家族や仲間がいて、健康であること。
まずはそれだけで幸せを感じられる。
2020年より前の世界には、きっともう戻らないからこそ、
これから本当に自分に必要なものは何なのかを考える、
いい機会なんじゃないかと思ってるよ。

長男のひとりごと…

中学生編

進化を遂げた鬼弁を
息子はどう食べていたのか？
TOSHI-LOWが一番気になる（？）
中学生になってからの
鬼弁あれこれを語ってくれました。

☑ 本が発売されて

お弁当に変化はないですね。ただ、家族で本を読みながら、「こういうお弁当があったね」という話はしました。そこで話題になったのが、缶切りと缶詰のお弁当。これは思い出しても一番インパクトのあるお弁当でした（笑）。見返すと、お弁当箱の種類がたくさんあることも驚きました。小学生の後半は木の曲げわっぱのお弁当が定番になっていたんですが、アルミの小さなお弁当箱など、「こんなのもあったな」と振り返るのは楽しかったです。

☑ 中学生になってから聞かれること

必ず入れる量を聞かれるようになりました。その結果、最近は銀色の2段弁当で落ち着きました。

☑ 好きなお弁当のメニュー

…選べません。でも、ご飯の上に餃子がドカンと乗っているようなのは好きですね。その逆の、すごくこだわりを感じているのも同じくらい好きです。あとは、ツアーなどでいろんなところでもらってきたおかずが入ってくるのは楽しいです。ただ、それが何なのかちゃんと説明してくれる時と、してくれないときがあるので、解明されないまま食べるときも（笑）。おかず以外にも、ご当地キャラの靴下を買ってきてくれるので、どんどん靴下が増えています。

☑ 家での料理

ニンニクチャーハンなど、簡単なものは作るようにしています。その時に両親や弟も食べると言えば、一緒に作っています。実は僕自身、小さな頃は食べず嫌いがすごく多かったんです。でも、お父さんに「とりあえず一回食べてみな」と言われて、挑戦するようになってから、どんなものも食べられるようになりました。

☑ 念願のiPhone

両親との約束で、使う時間帯や、すぐ返信すること、アプリを入れる場合は許可制、遅刻しちゃいけない、"ちょっと待って"はなしというような条件で手に入れました。"これは大変だな…"と思いましたが、iPhoneを手に入れるためには仕方ないと思い、受け入れました。守れているかどうかは…微妙です(笑)。でも、両親はどこにいてもすぐに連絡をとれることに安心しているようです。

☑ 自分に子供ができたら

もし作るとなっても、お父さんみたいに毎日作るのは無理だと思います(笑)。でも、毎日お弁当を開けるのは楽しいので、作ってあげたいとは思っています。いや、でも大変だろうなぁ…。

☑ 揚げ物が増えた

いま改めてお弁当の画像を見て気づきました。でもたしかに、最近は家でもよく揚げ物が出ている気がします。両親ともに揚げ物を作ってくれるんですが、僕は揚げ物が大好きなので、もしそれがふたりのブームだとしたら、僕にとってはありがたいブームです(笑)。

☑ 学食とお弁当

中学生になってから学食が増えました。でも、1週間連続で学食を食べた時に、お弁当が食べたくなって、お父さんに「明日はお弁当がいい」ってお願いしたんです。その時に、ちょっと嬉しそうな顔をしたのを見て、もっと頼んだ方が良いのかなと思いました(笑)。

2019年3月某日 東京初台にて
撮影:西槇太一

おわりに

自分が子供の頃にどんな弁当を作ってもらっていたかを考えると思い出すのが、両親の本棚に1冊だけある弁当の本だった。そこに書かれていた、仮面ライダーの弁当に目を奪われたのは幼稚園の頃。当時は〝キャラ弁〟という概念もないから、ふりかけと海苔だけで飾り付けがしてあるシンプルなものだったんだけど、すごく食べたくて、おふくろに作ってもらったのを覚えてる。作ってもらった日は朝からすごく嬉しくて、弁当の時間にわくわくしながらフタを開けたら、全部海苔がフタにくっついていてすごいショックだったな。

あの頃、「お弁当に何を入れる?」と聞かれるのがすごく嬉しかった。お弁当って手をかける必要はないし、俺ならケータリングの残りを詰め替えたりすることもよくある。ただ、詰め替えるときにキレイになるように考えるだけでも子供にとっては違うと思うんだよ。まぁ、どんなに手をかけて作っても、成長するにつれ、過去の俺みたいに「何でもいいわ、アホ!」って悪態をつくようになるんだけどね。

お弁当づくりには、飲食店でバイトしていたときの経験も役にたっていたと思う。

上京後にバイトをしていた飲食店で調理場を手伝うようになったのが入って2年目。バイトは面倒だったから、いかに手を抜くことしか考えてなかった。それに、早く帰りたいから、〝いかに効率よく動くか〟が一番の課題になってくる。その店は出前もやっていたから、〝現場に出ている人が戻ってきたときに、3つくらい作っておけば一気に配達に行ける〟など、一番早くその店が回ることを計算しながら、料理を作ってた。〝あっちに持ち帰りのお客さんがいて、これを作ると順番が逆になるから、こうした方が文句が出ない〟とかね。その効率を一番に考えることは、バンドでも役立ってる。一生懸命に形どおりやる人やマジメな人って、すごく丁寧な反面、手間をかけすぎる。たまに料理本を読んでも、下ごしらえに時間をかけすぎていてビックリする。俺は塩こんぶと野菜だけでできるものが一番だと思っているから、出来ることなら火も使いたくない。だから浅漬けの素やめんつゆも最高。時間のない朝なんて、パパっとできなくちゃ意味がないからね。オレが作る弁当の基本は、前日の残りが2品と、朝作る3品。前日の残りの色と合う色の物を考えて、あとは作るようにしてる。

弁当をプライベートなSNSに載せてきたのは、自分以外の誰かに見てもらうためであったけど、子どもに対しての自己嫌悪でもあったと思う。どうしても感情的に子供を叱っちゃったり、思うように接することができないことが親子間にはあって、リセットするのはすごく難しい。子供のこと以外なら、たとえば友だちが死ぬことでさえ作品にできる因果な商売をしているなかで、子どものことだけはそうはできない。父と子の歌は書けるかもしれないけど、なぜか今はあまりしたくないんだよね。だからSNSで弁当を記録することで、歌う代わりに気持ちを吐露しているのかもしれない。まぁ、朝書いたことはほとんど覚えてないんだけどね。

子供に触れていると感じたのは、作る曲も変わってくるということ。20代の頃は、やれ〝人生が終わればいい〟とか言っていたのに、30代になると、自分の中から違うものが出てくるんだよね。これは〝ぬるくなった〟とか、〝丸くなった〟ということではなくて、春夏秋冬のように人間が若者から大人になり、中年になって老人になり、変化していく、必然なこと。ただ、俺たちみたいなアーティストって、最初からイメージ像を作っちゃっているから、そんなナヨナヨしているところは、どうしても出しづらい。だからこそ、20代後半に出てきた、今までにない新しい感覚をわざと隠してしまうこともあった。だって、〝今を生きていることを感じられるライブが最高！〟という考え方で曲をつくり、歌っているはずなのに、家には小さくて温かい、守るべき赤ん坊がいる。そこに大きな矛盾が生じてしまう。そこで自分の気持ちが崩壊してしまう人もいると思う。そういう変化は誰にでも起こること。でも、いまその当時の気持ちを読み解くと、そこで新しく芽生えた感覚は、俺の〝父性〟であり〝母性〟だったんだと思う。

嫁が忙しい人じゃなければ、もしかしたら俺も100%子育てを任せっきりにして、バンドに集中していたかもしれない。それは、アーティストとしてはいいことかもしれないけど、家庭の〝お父さん〟としては、もったいないことをしていたと思う。〝お母さん〟って、産んだ瞬間に母親になるけど、〝お父さん〟は、そのまま生きていたら、父親にならない。だから、俺にとって〝お弁当〟というのは、〝父〟になるすごくいい機会だったんだと思う。

最後に、あらためて見つめ直さなければ、流されてしまっていたこんな気持ちに気付かせてくれたぴあ中部支社　阿部慎一郎　途中頼りなさすぎてコイツで大丈夫かと思ったけど最後までやり抜いた　菊池嘉人　とりとめない俺の話をきれいにまとめ上げてくれた　吉田可奈さん　製作に関わってくれた皆さん
コメントくれた仲間たち　ツッコんでくれたあなた　文句言わず食べてくれた家族へ
感謝を込めて
いってらっしゃい

2019年3月　TOSHI-LOW

中学生編の発表によせて

※本テキストは電子書籍版発刊時に発表されたものです。

俺が長男と同じ中学生の頃、親父のことが嫌いで嫌いでたまらなかった。同じ男同士というだけでも嫌だったし、親父も今の俺よりも若かったから常にイライラしてた。きっと、余裕がなかったんだろうね。今考えればその理由もわかるけど、当時は本当に嫌だった。酒を飲んでいるときだけは機嫌がよくて好きだったな。

子育てって正解がないから、今は親になった自分も、毎日が試行錯誤ということを本当に実感してる。当たり前だけど、親になるのは初めてなわけだからね。自分自身の気づかない部分もあるし、お互いの変化も含めて楽しんでいかないと、全てが苦痛になってしまう。親になることも、家族を持つこともそう。でも、そこには良いも悪いもなくて、単純にそれを楽しんでいく。みんな子育ての正解ばかり欲しがるけど、ひとりひとり正解は違うんだから、その子にあったものを与えたらいいって思ってる。

あらためて電子書籍版を出すことを了解したのは、中学生になった長男との、そんな鬼弁の先の日々を入れられるなら、単純に〝面白そう〟と思えたから。映画とか漫画でも「2」とは違う、ちょっとした続編って方がおまけ感が強めで俺も嬉しいのよね。

実はこれを書いている今、長男とは2カ月ちかく離れて暮らしている。長男が俺の実家で過ごしているうちに、新型コロナの影響が大きくなって、東京に帰るに帰れなくなってしまった。長男は、フランスの友だちの家にホームステイをしたこともあるから、これまでも長く会わない時間はあったんだよ。両親以外の大人と長い時間接することで、違う価値観と触れたり、多様性や地域性を知ることができるから、すごくいいことだなって思っていた。「可愛い子には旅をさせろ」って本当なんだなって。自分にとっても、その距離感はすごく良いなと思っている。離れているからこそ〝元気だろうか〟とか、〝どうしているかな〟とか、今までよりも考えるようになったし、ずっと近くにいると意外と成長って見えなくなってしまうからね。

長男もこういう時期にいろんなことを考えているだろうから、自粛期間が明けて、久々に会うのをすごく楽しみにしてる。

長男が成長して高校生編もあるかもしれないけど、今度こそいらないって言われるかもな。せっかく高校生に持たせるなら、棒に鳥をまるごと一匹ぶら下げて持っていくのとか、「今日のおかずはどんな人の弁当でしょうか?」みたいな昭和レトロ職種別イメージ弁当みたいな、もっとはちゃめちゃな弁当を作ってみたいわ。まあその時は俺、イカれた弁当屋が本職になっているかもね(笑)。

本屋に行っても、料理本コーナーでも、タレント本コーナーでもなく、怪奇現象のコーナーに置いてあったりする、このジャンル不明な謎本。
最後に、本当にこの本の電子書籍版なんつう需要があるのか??みたいな疑問にもかかわらず、前回と変わらぬ面子で、もはや安心感もある鬼弁編集ぴあチームに。オンライン取材でも遜色なくまとめた吉田可奈に。急なお願いにもかかわらず、新しいコメントを寄せてくれた仲間に。紙本を持ってるにもかかわらず、再びツッコンでくれた奇異な読者に。相変わらずのヘンテコな弁当にもかかわらず、きれいに食べてくれている家族に。
感謝を込めて。

今は独り身だけど……今は料理しないけど……今は弁当必要ないけど……こんな奇天烈なのは参考にならんけど……いずれは……なんてふんわり思っている、この電子書籍版を読んでくれた画面の向こう側のあなたに。平穏、苦難にかかわらず、新型コロナウイルス後の未来を愛する人と共に日々歩んでいけますよう。

いってらっしゃい

2020年5月　TOSHI-LOW

協力　タクティクスレコーズ
　　　トイズファクトリー
　　　研音

編集　阿部慎一郎
　　　菊池嘉人
構成　吉田可奈
装丁　葺屋修（FREAKS Lab.）
撮影　西槇太一
校閲　髙阪智子

販売　伊奈禎／片桐由美子／野々村晃子／古海淳子／跡見香澄／平山克典
製作　佐々木亮／青木健輔

著者

TOSHI-LOW
(BRAHMAN/OAU)

1974年茨城県水戸市生まれ。1995年にパンクバンドBRAHMAN結成。1996年、初のアルバム「Grope Our Way」をリリースし、1999年にはメジャーデビュー。ライブパフォーマンスが注目を集める。2003年に女優のりょうと結婚。2005年にはアコースティックバンド、OAU(OVERGROUND ACOUSTIC UNDERGROUND)としての活動も開始する。東日本大震災以降は復興支援を目的とした活動も展開し、音楽性以外でも、バンドシーンに大きな影響を与え続けている。

鬼弁《増量版》

強面パンクロッカーの弁当奮闘記

※本書籍は、2019年5月22日発売の「鬼弁～強面パンクロッカーの弁当奮闘記～」に、
電子書籍版刊行時に発表した新章を追加収録したものです。

発行日　2020年11月6日　初版発行

発行人　木本敬巳
発行・発売　ぴあ株式会社 中部支社
〒461-0005 名古屋市東区東桜2-13-32
[代表] 052-939-5555　[編集部] 052-939-5511
ぴあ株式会社 本社
〒150-0011 東京都渋谷区東1-2-20 渋谷ファーストタワー
[大代表] 03-5774-5200

印刷・製本　凸版印刷株式会社

ISBN 978-4-8356-3993-2

吉野家
YOSHINOYA